KB080273

출판사의 첫 책

출판사의 첫 책

이름은 왜 출판사를 차렸나?
첫 책을 통해 듣는 출판 이야기

송원정 인터뷰집

((레모[1]))

((출판공동체 편않[1]))

((딸세포[1]))

((출판사 핌[1]))

((한바랄[1]))

((돌고래[1]))

((이야기장수[1]))

((호랑이꿈[1]))

((에디토리얼[1]))

((골든래빗[1]))

[1]
프랑스 문학 전문
레모『거울로
드나드는 여자』
윤석헌

[1]
질문하고 답을
찾는
출판공동체 편않
『격자시공: 편않,
4년의 기록』
김윤우, 기경란,
지다율

[1]
딸세포 편집자가
전하는 여성의
이야기
딸세포『나는
엄마가 먹여
살렸는데』
김은화

[1]
새로운 장르를
개척하는
출판사 핌
『어쩌면 너의
이야기』
맹수현

[1]
바다 환경문제
전문
한바랄『우리가
바다에 버린 모든
것』
물도깨비, 서서재

[1]
인문학과 여성
서사에 진심
돌고래『아마존
분홍돌고래를
만나다』
김희진

[1]
임프린트의 롤
모델
이야기장수
『전쟁일기』
이연실

[1]
경쟁력을 갖춘
그림책 편집자의
독립
호랑이꿈『마씨
할머니의 달꿀
송편』
신혜영

[1]
과학 서적에 깃든
따뜻한 시선
에디토리얼
『치료탑 행성』
최지영

[1]
단단한 경영
마인드로 무장한
골든래빗 _
『Tucker의
Go 언어
프로그래밍』
최현우

출판사 핌

Part 1. 열정과 신념으로 뛰어든 출판이라는 세계

Part 2. 독립을 선언한 베테랑 편집자들

여러분의 인생 책은 무엇인가요? 혹시 그 책을 펴낸 출판사를 기억하고 있나요?

안타깝게도 저는 책을 읽던 순간의 감흥 외에는 다른 것들은 대체로 가볍게 잊어버리는 허술한 독자입니다. 검색창의 도움 없이 작품 제목과 작가 이름을 단번에 떠올린 때에는 제 기능을 해낸 뇌에 감탄을 아끼지 않으니, 알 만하죠. 이런 제 독자 인생에 일대 사건이 일어났습니다. 〈출판사의 첫 책〉 프로젝트에 인터뷰어로 참여해 출판사 대표들과 이야기 나눌 기회를 얻은 것이죠. 덕분에 설립된 지 오 년 내외의 출판사를 무려 열 곳이나 알게 되었습니다. 이들을 만나 출판사를 차린 연유와 첫 책의 출간 과정을 묻고 답을 들었습니다. 그 결과가 바로 이 책이고요.

저로 말할 것 같으면 이번 생에는 해마다 '독서 인구'에 포함되어 온 애독자이니 책과는 낯익은 사이라 할 수 있겠습니다. 하지만 출판사와 빈번한 관계를 맺으며 살아왔던 것은 아닌지라 조금은 긴장되는 마음으로 인터뷰를 준비했습니다. 우선 출판사가 처음으로 발행한 책을 읽었죠. 책과 단둘이 진한 시간을 보내고 나면 '이 책을 모른 채 죽을 뻔했다니!' 하고 감정이 북받쳐 이 책을 세상에 나게 한 누군가의 결심에 탄복하지 않을 수 없었습니다. 그러는 동안 절로 질문이 샘솟았고요. 저는 넘치는 질문거리를 꾸려 가지고 판권면에 적힌 출판사 대표와 만나기만 하면 되었습니다.

출판 공정에는 순서가 있고 출판의 신이 온다 해도 이 차례를 건너뛰거나 뒤집을 수 없으니 각각의 책이 완성되는 과정은 별반 다르지 않았습니다. 하지만 그 과정을 채워 가는 출판사의 개성이 천차만별이다 보니 이렇게나 각양각색의 사람들이 하나같이 네모반듯한 꼴의 책을 만들어 낸다는 것이 도리어 이상하게 여겨질 정도였어요. 그리고 이렇게 만들어진 출판사의 첫 책은 (본인들의 인정 여부와 무관하게 제 눈에는) 출판사 대표와 서로 닮아 있었습니다. 책 만드는 이야기를 듣고 추측해 보건대, 책에 각자의 초심을 녹일 때 대표 자신도 책에 녹아드는 것 같아요. 한결같이 영혼을 갈아 넣어 책을 만들어 내니 당연한 결과겠지요.

출판이 종이와 활자를 다루는 잔잔한 과정일 거라는 예상과는 달리 책을 만드는 일은 꽤나 역동적이었습니다. 끝날 듯

이어지는 출판기를 듣기만 하는데도 숨을 헐떡여야 할 정도였죠. 하지만 제가 만난 이 놀라운 사람들은 우여곡절을 거쳐 첫 책을 완성하고도 금세 초심으로 돌아가 다음 책에 열성을 쏟아붓더군요. 출판하는 이들에게 경외심이 일기도 했습니다. 혹시 책을 다루는 것이 허락된 종족이 따로 있는 것은 아닐까요?

출판사 열 곳의 책 짓는 이야기를 모두 듣고 나니 책의 가치를 훌쩍 넘는 별책부록을 얻은 기분입니다. 이제 책을 읽을 때면 판권면에 자리한 사람들이 분주히 행간을 오가는 것이 보이고, 페이지 사이로 삐져나오는 정성이 보입니다. 세상에 나와 어엿하게 제 몫을 해내는 책이 신통하고 기특해서 아이 머리를 쓰다듬듯 책 표지를 어루만지게도 되고요.

이 책이 책을 사랑하는 독자에게 닿아 책 읽는 재미를 보탤 수 있으면 좋겠습니다. 또 출판을 꿈꾸고 있거나 출판사를 차릴 운명과 마주한 누군가에게 청사진을 제공할 수 있다면 더할 나위 없이 기쁠 것 같습니다.

늘 차려진 밥상에 숟가락만 얹는 독자를 한결같이 환대해 준 친절하디 친절한 책 짓는 사람들과 이들을 꼭 닮은 살가운 책들에게 감사 인사를 전합니다.

2024년 6월
송현정

윤석헌 『거울로 드나드는 여자』

프랑스 문학 전문 레모

레모의 첫 책은 판타지 소설이다. 『거울로 드나드는 여자: 겨울의 약혼자들』의 주인공 오펠리는 손으로 물건의 과거를 읽고 거울을 통과해 공간 이동을 한다. 레모의 윤석헌 대표를 인터뷰한 날 윤석헌 대표가 거울을 뚫고 등장했다거나 악수를 청하며 내 과거를 단번에 알아챈 것은 아니었으나 그날은 내게 책 속 판타지에 버금가는 현실의 판타지를 만난 날로 기억된다. 좋아하는 일을 업으로 삼을 수 있다는 것도, 결과를 오롯이 감당해야 하는 대표의 위치도, 그러나 이에 연연하지 않고 과정을 즐기고 있다는 사실도 어찌 보면 당연한 일이지만 팍팍한 현실을 핑계로 이상을 외면한 채 살고 있는 내게는 도리어 비현실적으로 느껴졌다.

윤석헌 대표와의 인터뷰가 소설이 된다면 어떨까. 단어들 속의 삶[1]을 택한 한 남자의 이야기. 이 남자의 의도는 천진

1
『Une vie dans les mots단어들 속의 삶』은 데이비드 벨로스David Bellos가 쓴 조르주 페렉의 전기 제목이다.
윤석헌 대표는 우연히 책꽂이에 꽂힌 이 책을 발견하고 출판사명을 레모les mots로 결정하게 되었다고 한다.

하다. 프랑스에서 문학을 깨친 남자는 자신이 가진 능력이 번역—프랑스어로 된 글을 모국어로 옮기는 것—인지라 그곳의 단어를 수천 킬로미터 떨어진 자신의 나라로 가져온다. 그는 아직 모국어로 해석되지 않은 미지의 낱말을 꼼꼼히 살피고 맞춤옷을 짓듯 한 땀 한 땀 딱 맞는 단어로 옮겨 책을 짓는다. 그의 서재 한편에 줄지어 앉아 자신의 순서를 기다리는 원서들의 시선은 그에게 부담이기보다 즐거움이다. 그저 번역을 하기 위해 출판계에 발을 들인 이 남자는 한결같은 성실함으로 손끝에 진심을 담아 단어를 옮기고 또 다듬는다.

『거울로 드나드는 여자』가 레모의 첫 책이 된 것은 우연이 아닌 것 같다. 작품 속 오펠리는 자신을 '읽는 능력을 빼면 그저 어설프고 서툰 사람일 뿐'이라고 평가하면서도 두려움 없이 본능적으로 거울로 뛰어든다. 레모의 윤석헌 대표는 '할 수 있는 일이 번역이기 때문에 프랑스어를 우리말로 옮기는 작업을 한다'고 말하며 좋아하는 작가의 작품 판권을 구매하고 마

땅히 해야 할 일이라는 듯 단어를 옮긴다. 스스로를 내세우지 않는 태도도, 자신을 이끄는 일에 진심으로 임하는 자세도 서로 닮았다.

나에게는 우직한 인물이 이뤄 내는 성장이란 그냥 지나치기 어려운, 마음이 가는 주제다. 게다가 스스로 선택한 세상에서 자신의 힘으로 존재하고자[2] 하는 주인공이라니, 소설 속이

[2]
아니마에서 오펠리는 박물관 말고는 무엇에도 관심이 없었다.
하지만 이제는 어쩔 수 없이 다른 것들에 더 호기심을 갖게 되었다. 의지할 곳을, 클랜 사이의 적대 관계 때문에 자신을 배신하지 않을 진솔한 사람들을 스스로 찾아야 했다. 토른과 베르닐드만 의지하고 싶지는 않았다.
생각을 단련시키고 싶었고, 스스로 선택하고 싶었고, 자신의 힘으로 존재하고 싶었다. (『거울로 드나드는 여자: 겨울의 약혼자들』, p.314)

든 현실에서든 마음을 다해 응원하지 않을 수 없다.

독자로서 이 책의 페이지를 넘기는 순간마다 오펠리가 자신의 존재 가치를 깨닫고 세상의 진실을 발견하기를 응원했다. 그리고 윤석헌 대표와의 인터뷰를 곱씹으며 레모에게 번역에 대한 진심에 걸맞은 전개가 펼쳐지기를 바랐다.

대표님은 불문학을 공부했고 번역가인데, 출판사를 차렸어요. 흥미로운 전개입니다.

번역이 하고 싶었어요. 불문학을 전공했고, 그러면서 프랑스 문학이 좋아졌어요. 학부 때는 수업을 들으며 좋아하는 작가의 작품을 혼자 번역해 보기도 했죠. 지금 보면 엉망인 수준이겠지만요. (웃음)

유학 시절 좋아하는 작가의 작품 번역에 대해 코멘트하며 한 출판사 편집자와 인연이 닿았어요. 프랑스 유학을 마치고 돌아와 번역을 하고 싶은 마음에 그 편집자 선생님께 메일을 보냈어요. 샘플 번역으로 테스트를 거친 후 맡게 된 작업이 호르헤 셈프룬의 『잘 가거라, 찬란한 빛이여…Adieu, vive clarté…』예요. 간절했던 기회였기에 정말 열심히 작업했어요. 번역의 세계에 진입하는 것도 쉽지 않았지만, 첫 작업 후에 다음 작업이 이어지지 않더라고요. 기대했던 것과 달랐죠. 마침 일인 출판사가 많이 생겨나던 분위기여서 직접 출판사를 차려 번역을 해야겠다고 생각했어요.

그렇게 선택된 책이 『거울로 드나드는 여자』군요.

우연이었어요. 2017년 서울국제도서전 프랑스 부스에

갔다가 『거울로 드나드는 여자La Passe-Miroir』의 표지에
이끌려 책을 살펴봤어요. 그 자리에서 아마존 독자 리뷰를
찾아봤는데, 전부 별이 다섯 개였어요. 그래서 도전해 보기로
했죠.
판권 계약 과정도 몰랐을 때라 주변에 조언을 얻어
에이전시에 문의했고, 계약하려면 사업자등록증이
필요하다고 해서 출판사를 설립했죠.

레모를 있게 한 고마운 책이네요.

제가 순진했죠. 일인 출판사가 진행하기에는 큰
프로젝트였다는 것을 책을 만들면서 알았어요. (웃음)
일단 번역하는 데만 꽤 오랜 시간이 걸렸어요. 당시 대학에서
교양 강의를 맡고 있어서 번역에만 매진할 수 없었어요. 둘을
병행하느라 번역하는 데 대략 이 년의 기간이 걸렸죠. 『거울로
드나드는 여자』가 이백 자 원고지로 이천 매가 넘으니,
번역비를 제하더라도 편집 비용이 엄청났죠. 내지 디자인
비용을 페이지 수로 산출한다는 것도 그때 알게 됐고요.
『거울로 드나드는 여자』 1권은 육백 페이지가 넘습니다.
이 시리즈는 네 권으로 구성되어 있는데, 이만큼의 시간과
비용을 네 번 반복해 들여야 이 프로젝트가 완료된다는 뜻이죠.

**이 지난한 과정을 일인 출판사가 감당한다고 생각하니 제가 다
막막한데요.**

출판사 등록을 하고 편집자 과정 수업을 들었는데 출판의
전 과정을 알기에는 부족했어요. 북스피어 김홍민 대표님의
일인 출판 관련 강의가 많은 도움이 되었고, '1인출판 꿈꾸는
책공장' 커뮤니티에서도 정보를 얻었어요. 결국 제가 할 수
있는 일은 번역이고, 다른 영역은 각 영역의 전문가에게
맡겨야 한다고 결론 내렸죠. 출판사에 계신 선생님이 편집자와
디자이너를 소개해 주셔서 첫 책 작업을 진행할 수 있었어요.
소개받은 편집자님은 제 첫 번역 작업을 함께하기도 해서
많이 의지했습니다. 제가 모르는 게 많았으니 이것저것 많이
묻고 귀찮게 했죠. 편집자님과는 교정 교열을 조건으로 계약을
맺었는데, 제가 워낙 초보라 많은 질문을 드렸던 것 같아요.
이제는 선을 넘지 않으려고 노력하고 있습니다. (웃음)

첫 책이 맺어 준 인연도 있다고요?

재미있는 인연이 있어요. 『거울로 드나드는 여자』 북토크
행사를 하는데 KBS 월드라디오 불어방송 진행자께서
인터뷰하러 오셨어요. 불어로 진행된 어색한 인터뷰를 마치고

SNS상에서 안부를 주고받는 사이로 지냈죠.

『거울로 드나드는 여자 2: 클레르들륀에서 사라진 사람들』을 번역하던 중이었어요. 시간은 흘러만 가고 진도는 잘 나가지 않았죠. 저는 욕심이 많아 판권을 여러 권 사 둔 상태였고요. 새로운 책 준비를 더는 미룰 수 없다고 판단했을 때 이분이 떠올랐어요. 『거울로 드나드는 여자 2』의 번역 작업을 제안했죠. 그렇게 해서『거울로 드나드는 여자』2, 3권 번역 작업을 맡아 주셨고, 레모에서 출간한 철학 에세이 시리즈도 번역하셨죠. 전문 통번역가인 이슬아 번역가님이세요.

우연과 인연을 엮어 책을 만드시네요.
첫 책『거울로 드나드는 여자』를 소개해 주세요.

『거울로 드나드는 여자』는 총 네 권으로 구성된 판타지 대작 시리즈예요. '프랑스의 J.K. 롤링'으로 불리는 여성 작가 크리스텔 다보스Christelle Dabos의 작품입니다. 주인공 오펠리는 사물의 과거를 읽고 거울을 넘나들어요. 여성 작가의 판타지 소설이며 여성 주인공을 내세운 성장소설이라는 점이 가장 큰 특징이에요.

책의 두께 때문에 '벽돌 책'으로 분류되기도 하지만 '페이지 터너(page-turner: 책장 넘기기가 바쁠 정도로 흥미진진한

책)'라는 평가도 함께 받았죠. 두께가 주는 위압감에 손에
쥐기까지는 쉽지 않을 수 있지만 한번 잡으면 멈출 수 없는
마성의 책이에요.

**『거울로 드나드는 여자』를 독자 손에 얹기 위해 어떤 노력을
하셨나요? 어떻게 홍보하셨는지 궁금해요.**

『거울로 드나드는 여자』를 국내에 출간할 당시 프랑스에서만
누적 판매량 사십만 부를 기록 중이었고, 이십여 개국에서
출간되어 현재 백만 부 이상 팔린 밀리언 셀러예요.
국내에서도 만들기만 하면 저절로 팔릴 것으로 생각했는데
그렇지 않아 당혹스러웠죠.
당시 유행을 따라 텀블벅 펀딩으로 책을 판매했어요.
책을 먼저 읽은 분들이 재미있다고 알아서 홍보해 주리라
기대했는데 아니었죠. 마케팅 사업을 하는 후배에게 도움을
요청했는데 크게 의미는 없었어요. 유명 작가들을 모시고
북토크도 열었어요. 행사는 재미있었지만 생각보다 모객이 안
되어서 그런지 역시 홍보에는 도움이 되지 않았습니다. 그래서
직접 책을 들고 다니며 동네책방에 입고 요청을 했어요.
한여름에 두꺼운 책 여러 권을 들고 돌아다녔죠. 좋은 방법은
아니었어요. 환대받을 상황도 아니었고요. 하지만 입고 요청

메일을 보내도 답이 없었으니까, 그 당시 제가 할 수 있는 일을 한 거죠. 힘든 경험이었어요.

북토크를 활발하게 하고 계시기도 해요.

최선의 홍보는 작가가 하는 거라는데 프랑스에서 작가를 모셔 올 수는 없으니, 차선으로 번역가인 제가 나선 거죠. 사실 출판사를 차리며 앞에 나서는 일은 절대 없을 거라 생각했었어요. 해외에 오래 있다 돌아와서인지 사람을 만나는 자리도 낯설었고, 작은 규모의 모임에서도 벌벌 떨며 자기소개를 할 정도였으니까요. 그런데 책에 관해 이야기하는 자리는 좀 달랐어요. 제가 번역하고 만든 책을 소개하는 것까지가 나의 몫이라는 생각이 들었던 것 같아요. 제게 호의를 보인 동네책방 몇 곳에 제안해서 북토크를 하게 됐죠. 그때 책방서로 대표님이 북토크 제목을 아주 근사하게 지어 주셨어요. '좋아하는 외국 소설 번역, 출간하기!'라는 타이틀이었어요. 이 주제에 많은 분이 관심을 보여 주셨어요. 덕분에 북토크 좌석이 매진된 서점도 있었지요. 번역가로서 번역 과정을 소개하며 책을 홍보할 수 있고, 출판사 대표로서 레모라는 출판사를 브랜딩할 좋은 기회였어요. 레모의 팬을 만나고 잠재적 독자를 만들 수 있는 좋은 기회라고 생각했어요. 다행히 독자들은 이런 기회를 반겨 주셨고요. 그 뒤로 책이 출간되면 번역가로서 독자를 만나는 경험을 꾸준히 하고 있어요.

결과적으로 『거울로 드나드는 여자』가 레모의 홍보 방향을 잘 잡아 준 것 같아요. 첫 책이 레모의 다음 책들에 미친 영향이 있다면요?

우선 '두꺼운 건 안 된다'라는 생각을 하게 되었어요. (웃음) 긴 시간과 큰돈을 들여 얻은 교훈이죠. 그래서 다음으로 작업한 책은 상대적으로 얇습니다. 레모의 두 번째 책 델핀 드 비강Delphine de Vigan의 『충실한 마음』은 원고지 오백오십 매 정도 분량이에요. 첫 책이 나온 후 팔 개월 만에 출간했네요. 얇은 책이 만들기 편하다는 의미는 아니고, 작업하는 동안 마음이 편안했어요.

『충실한 마음』을 번역하기 전부터 델핀 드 비강의 작품들을 좋아했어요. 좋아하는 작가의 책을 다루게 되니 설레고, 번역하고 소개하는 과정도 더 재미있더라고요. 과정이 즐거워야 한다는 생각으로 책을 만들게 됐어요.

즐거운 일을 하는 것, 이것이 레모를 계속 출판하게 하는 힘일까요?

저는 번역이 하고 싶어서 출판사를 차렸어요. 무엇보다 제가 좋아하는 작가들의 책을 번역하는 일이 재미있고, 의미 있는 작업이라고 생각해요. 아니 에르노Annie Ernaux, 조르주 페렉Georges Perec, 마르그리트 뒤라스Marguerite Duras, 파트릭 모디아노Patrick Modiano. 이렇게 네 작가의 작품은 꼭 다뤄 보고 싶다고 생각했는데 차근차근 바람을 이뤄 가는 과정이 즐거워요. 작업해야 하는 책이 있는데도 '이러려고 내가 출판사를 차렸지' 하는 생각에 자꾸 욕심을 내서 판권을 사들이고 있어요.

그 욕심 꼭 지켜 내세요!
『거울로 드나드는 여자』의 작업은 여전히 진행 중인데요. 첫 책에 대한 욕심이 있다면요?

시리즈가 완간되면 그래도 좀 팔리지 않을까 여전히 희망 고문을 하고 있어요. 완간이 되면 다양한 형태로 책을 다시 만들어 보고 싶기도 해요. 두꺼워서 멀리하시는 거라면 손에 잡기 편하게 포켓판으로 만들거나, 분책을 해 보면 어떨까.

완간이 되면 전집 패키지를 만들어 보고 싶고요. 분위기만
좋다면 오디오북 제작도 해 보고 싶은 책입니다.
『거울로 드나드는 여자』 시리즈는 프랑스에서 그래픽 노블로
만들어지는 중이고, 영화화된다는 이야기도 꾸준히 나오고
있으니 다양한 경로로 알려져서 더 많은 분께 읽히기를
기대하고 있죠. 프랑스에서는 2019년에 완간되었는데
레모는 지금 시리즈 3을 작업 중이니, 완결된 이야기를
기다리시는 독자분들을 위해서라도 작업을 서두르고 싶어요.
(2024년 완간을 목표로 열심히 작업하고 있습니다.)

레모를 '번역에 진심인 출판사'라고 소개하고 계시죠.

저 자신과 레모를 사랑하는 독자들에게 하는 다짐이죠. 제가
이해하지 못한 문장을 책에 담지 말자고 생각합니다. 그동안
번역서를 읽으면서 늘 불만이었으니까요. 번역에 진심이라고
말하고 나니, 책임감이 많이 느껴졌어요. 그래서 완성된
원고를 읽으며 이해할 수 있는지를 검토하느라 많은 시간을
들이고 있어요. 번역 출판을 하고 있으니 당연한 일이죠.
예전에는 고집스럽게 원문 중심의 번역을 했다면, 이제는
독자가 편하게 읽을 수 있는 번역을 고민하며 작업해요.
출판은 텍스트로 독자를 만나는 일이니까요.

출판사 & 도서 정보

출판사명 레모

출판사 등록일 2017년 7월 19일

대표 윤석헌

첫 책 거울로 드나드는 여자: 겨울의 약혼자들

분류 국내도서〉소설〉프랑스소설〉판타지소설(교보문고)

  국내도서〉소설/시/희곡〉장르소설〉판타지(예스24)

  국내도서〉소설/시/희곡〉판타지/환상문학〉외국판타

  지/환상소설(알라딘)

제작 기간 2년 5개월(번역 2년, 제작 4~5개월)

발행일 2019년 2월 7일

아마존 판타지 부문 1위, 프랑스 베스트셀러 판타지 대작
〈거울로 드나드는 여자〉 시리즈 한국어판 출간.

프랑스의 J. K. 롤링, 크리스텔 다보스의 〈거울로 드나드는 여자〉 시리즈의 첫 번째 책 『거울로 드나드는 여자: 겨울의 약혼자들』
프랑스 메이저 출판사인 갈리마르 주니어와 전통적인 주간지 텔레라마가 공동으로 주최한 신인 작가 공모전의 당선작 〈거울로 드나드는 여자〉는 프랑스에서만 누적 판매량 40만 부를 기록하며 무명의 크리스텔 다보스를 순식간에 베스트셀러 작가 반열에 올린 판타지 소설이다. 특히 총 네 권의 시리즈 중 첫 번째 책인 『거울로 드나드는 여자: 겨울의 약혼자들』은 2013년 출간 이후 여전히 아마존 프랑스 청소년 판타지 부분 1위를 고수하고 있으며, 영어판 『The Mirror Visitor』 또한 2018년 가을 출간과 동시에 아마존 미국과 영국 YA 판타지 부분 1위를 차지하며 영어권 독자들의 주목을 끌고 있다.
현재 이십여 개국에 출간되어 세계적인 사랑을 받고 있는 〈거울로 드나드는 여자〉 오펠리가 이제 한국 독자들을 만난다.

대학교 3학년 프랑스 소설 수업 시간에 카뮈의 단편을 배우면서 처음으로 어설프게 번역을 해 보고, 번역에 관심을 갖기 시작했다. 20세기 프랑스 문학을 연구하며, 언젠가 좋아하는 작가들(조르주 페렉, 아니 에르노, 파트릭 모디아노, 마르그리트 뒤라스)의 책을 번역하고 싶다는 막연한 꿈을 키워 왔다. 2017년 호르헤 셈프룬의 『잘 가거라, 찬란한 빛이여…』로 번역을 시작했다. 좋아하는 책을 직접 번역하고 싶은 마음에 레모 출판사를 만들었다.

　　조르주 페렉, 아니 에르노, 델핀 드 비강, 앙드레 지드 같은 작가 책을 여럿 번역하고, 이십여 종의 책을 레모에서 출간했다. 공들인 번역으로 프랑스 문학을 소개하기 위해 오늘도 사전과 구글 검색으로 하루를 보내고 있다.

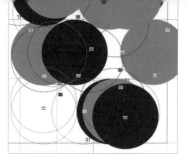

격자시공:
    편앙, 4년의 기록

출판공동체 편앙
인터뷰집

김윤우
기경란
지다율

『격자시공: 편앙, 4년의 기록』

질문하고 답을
찾는
출판공동체 편앙

출판공동체 편않(이하 편않)은 출판계에 정식 등록되기 이전
인 2018년부터 같은 이름의 독립잡지 〈편집자는 편집을 하지
않는다〉(이하 〈편않〉)을 발행해 왔다. 이 잡지의 고정 인터뷰 코
너 '격자로운 시공간'에는 출판하는 사람들의 하나같지만 하
나(도) 같지 않은 출판 이야기가 담겨 있다. 편않은 그간의 인
터뷰를 한곳에 그러모으고 책이 발간되던 2021년의 근황을
더해 『격자시공: 편않, 4년의 기록』(이하 『격자시공』)을 펴냈다.
ISBN이 새겨지고 가격이 매겨진 편않의 첫 단행본이다.

　이 책을 처음 접했을 때 당혹스러움에 표지를 한참 들여
다봤던 기억이 있다. 표지에 흩뿌려진 글자들의 의미를 알아
차릴 수 없었기 때문이다. 『격자시공』에 등장하는 서른네 명의

인터뷰이 소개를 읽으면서도 그랬다. 출판계에 존재한다는 것 외에는 하는 일도 읽는 책도 종잡을 수 없이 다른 이들은 점점이 흩어진 섬처럼 보였다. 하지만 일곱 편의 인터뷰를 읽는 동안 비정형적으로, 소규모로, 공동체로 이들을 연결하는 선이 자연스럽게 그어졌다. 다시 표지로 돌아와 보니 낱낱의 글자와 복잡하게 얽힌 선과 겹겹이 포개진 면에서 이 책에 담긴 사람들의 '출판'이 고스란히 읽혔다.

그에 비하면 편않의 존재는 명료했다. 기존 출판에 의문을 갖고 새로운 장을 열어 보자는 의도도, 과정으로서의 좋은 출판을 드러내겠다는 목표도 분명하게 읽혀 어렵지 않게 공동체로서의 편않을 정의 내릴 수 있었다. 편않의 구성원들은 『격자시공』 곳곳에서 이 책의 기획자로, 인터뷰어로 기능한 덕에 책을 읽는 동안 각각의 낯을 익히기도 수월했다. 나는 이 책 한 권으로 편않을 이해했다고 생각했다. 하지만 이들을 직접 만나고 난 후 내 판단이 성급했다는 것을 알았다. 다양한 의도를 품고 독자의 눈에 가시를 박아 넣는 디자이너 기경란, 책의 존재와 의미를 탐구하는 철학으로 무장한 편집자 김윤우, '그냥, 막연히, 하지만, 그래도, 결국' 책을 만드는 대표이자 편집자 지다율. 이 셋을 공동체로 엮기에는 한 명 한 명의 존재가 너무나 컸다. 각자가 의도대로 해 나가던 출판의 교집합에 편않이 있을 뿐 이들은 그저 따로 생동하는 우주와 같았다.

편않을 접하고 난 뒤 나는 더 이상 출판을 책의 물성이 완성되는 과정으로만 설명할 수 없게 되었다. 각자가 꾀하는 '출판'을 모두 더한 무한한 세계를 사전에 정의된 의미로만 규정하기에는 턱없이 모자라다고 여겼기 때문이다. 놀랍게도 편않은 가로운 공간과 세로운 시간으로 짜낸 『격자시공』 안에 확장된 출판을 알맞게 담았다. 가로 125mm, 세로 188mm의 성인 손바닥만 한 넓이 안에 그들의 출판이라는 우주가 담겨 있는 것이었다.

출판공동체 편않을 소개해 주세요. 세 분의 구성원에게 편않의 의미가 각각 다를 수 있겠다는 생각도 들고, 짧지 않은 시간 동안 변해 온 부분도 있을 것 같아요.

지다율 '편않'은 '편집자는 편집하지 않는다'의 줄임말입니다.

자연스레 이런 의문이 드실 겁니다. 편집자가 편집을 하지 않는다니, 그렇다면 무엇을 할까? 글쎄요. 우리는 정말 무엇을 할까요? 또 무엇을 할 수 있고, 무엇을 해야 할까요? 이런 질문들을 잊지 않으며 활동하는 것이 저희 목표입니다. 편않은 '기존 출판의 권위적, 퇴행적 관행에 의문을 갖고 새로운 장을 열어 보자는 의도로 시작된 공동체입니다.'

다소 거창하지만, 홈페이지에 정리된 이 문장으로 저희를 소개하고 있습니다. 편않을 알고 계신 분들도 대부분 이 표현으로 편않을 이해해 주시고요.

홈페이지의 소개는 저희 활동 초기부터 정리한 내용이에요. 지원 사업에 공모하고, 잡지를 발행하며 서류상 정리할 필요가 있었기 때문에 정의해 두었고, 외부에 저희를 알릴 때 대체로 이 내용과 표현을 벗어나지 않는 선에서 소개하고 있습니다.

김윤우 시간이 흘렀지만, 공동체의 목적이나 의도 중에 변한 것은 없는 것 같아요. 기록한 의미를 따르고 있는가 하는

물음표가 뜰 때가 가끔 있지만요. (웃음)

지다율 여전히 공식 소개에 적혀 있는 내용 모두 지키고
싶고, 질문들도 계속해서 묻고는 있어요.

___

'편않'이란? (편않 홈페이지 소개 발췌)

'출판공동체 편않'은 기존 출판의 권위적, 퇴행적 관행에 의문
을 갖고 새로운 장을 열어 보자는 의도로 시작했습니다. 출판
계는 왜 늘 불황일까? 사람들은 왜 책을 읽지 않을까? 출판노
동자들은 왜 이직이 잦을까? 어떤 출판사가 좋거나 나쁠까? 출
판노동자-저자-독자의 관계와 역할은 과연 확고부동한 것일
까? 책이란 도대체 무엇일까? 이렇게 산적한 질문을 더 이상
외면하지 않고 누구나 함께 고민하는 장을 마련하는 것이 저
희의 목표입니다.

　　편않은 다양한 사람을 만나게 할 연결고리입니다. 독립출
판물과 독립서점이 기존 출판문화에 변화의 바람을 일으킨 것
처럼, 저희는 출판노동자, 저자, 번역가, 독자 등 출판계의 다양
한 구성원이 각자 경계를 넘나들며 직접 이야기를 나누고 출
판문화를 생산하는 공간을 창조하려 합니다. 이를 통해 우리에
게 간절한 것이 '결과로서의 좋은 책'을 넘어서서 '과정으로서

의 좋은 출판'이라는 사실을 드러내겠습니다.

출판사로서 편않은 2021년에 등록되었고 같은 해에 첫 단행본을 냈는데, 공동체 편않의 활동은 훨씬 전부터 이뤄지고 있었죠?

지다율　편않의 태동은 2017년 여름으로 잡는 게 좋을 것 같습니다. 당시 같은 출판사에 다니던 한 무리의 편집자들은 자주 모여 회사 욕을 했고, 출판계를 비판했으며, 또 세상을 원망했습니다. 지금은 그 정도로 할 수가 없네요, 왠지……. 그러다 이렇게 불평불만만 할 것이 아니라 뭐라도 해 보자는 중지가 모였고, 결국 우리가 하던 것이자 할 수 있는 것, 책, 그중에서도 잡지를 만들어 보자고 하면서 시작되었습니다. 그렇게 준비하여 2018년 1월 1일 〈편않〉 0호(창간 준비호)를 만들었습니다. 0호 서문 말미에 이렇게 적었군요. "다시 한번 말씀드리지만 이번 호는 0호, 창간 준비호이다. 창간호를 함께 준비할 당신을 기다린다. 당신이 누구든, 우리는 당신을 편집하지 않을 것이다." 그렇게 시작된 잡지가 벌써 아홉 권째, 8호까지 이르렀다니 감개가 무량합니다. 물론 잡지 활동은 저희에게 굉장히 중요하기 때문에 계속될 것이고요. 첫 단행본을 내기 전까지 저희의 주요 활동, 잡지 외

활동이라면 아무래도 펍파, 열린 편집회의, 대담들이 있을 것 같습니다. 펍파는 일종의 출간 파티로 잡지가 나올 때마다 콘텐츠 참여자들과 독자들이 만나서 이야기 나누고 노는 자리였습니다. 코로나 때문에 한동안 진행하지 못했지만, 그 전까지는 활발히 기획하고 진행했습니다. 그 자리에서 만난 독자들이 잡지 다음 호의 투고자들이 되기도 했고요. 항상 어떤 독자든 우리의 예비 저자라는 마음으로 자리를 마련했던 것 같습니다.

열린 편집회의는 비정기적으로 저희 월례회의를 개방한 것인데요. 이 역시 어떤 독자든 우리의 동료가 될 수 있다는 생각으로 진행한 프로그램입니다. 사실 편앓 활동 초기에는 이러한 개방에 대한 저희의 노력으로 새로운 동료를 많이 만나기도 했는데요(물론 각자의 사정으로 금방 떠나긴 했지만요……), 최근 들어서는 저희가 '회사'라는 느낌이 강해져서인지, 아니면 어떤 폐쇄성이 생겨 버린 탓인지, 새로운 동료의 방문이 적어진 것 같습니다. 저희도 물론 여러 시행착오로 인해 조금 더 신중해진 것은 맞고요.

이 밖에도 대담이나 독립비평 세미나 등을 열어 여러 작가와 독자들을 만났고, 이를 또 잡지 기획 콘텐츠로 활용하기도 했습니다. 2022년 연말에는 '예비 출판인의 낮'이라는 행사를 열어 예비 출판인들의 생각과 감정을 목소리로 나누는

장을 마련하기도 했고, 앞으로도 이런 자리는 계속 만들고
싶습니다.

**편않의 첫 단행본에는 '편않한' 의미가 담겨 있을 것 같아요. 첫
책을 소개해 주세요.**

<u>지다율</u>　편않 활동을 계속하다 보니 지속과 확장을 위해,
무가지뿐 아니라 단행본을 내고 활동을 더 많이 벌여야겠다는
생각이 들더라고요. 그래서 2021년에, 그러니까 활동한 지 오
년 차에, 드디어 출판사 신고를 하고 낸 첫 단행본이 바로 이
책입니다. 잡지의 고정 인터뷰 코너 '격자로운 시공간', 줄여서
'격자시공'을 단행본으로 증보한 것입니다.
이 코너를 통해 쪽프레스, 영향력, 고기자, 비릿과 공통점,
마테리알 등 각자의 방식으로 활발하게 퍼블리싱하는 분들을
만났습니다. 이 책에는 저희 구성원들이 직접 쓴 글들도
있으니 관심 있으신 분들께서는 한번 읽어 보셔도 좋겠습니다.
사실 출간 이후 일 년이 넘도록 반응이 미미했는데, 2022년에
나간 언리미티드 에디션과 서울 퍼블리셔스 테이블에서는
관심을 많이 받았고, '실갑이'라는 별명도 붙었어요. '실물
갑'이라는 뜻으로 디자이너가 붙인 건데요. 표지뿐 아니라
본문 디자인도 아주 실험적입니다.

기경란　이제 조금은 기존의 출판과 맞닿은 디자인입니다. 사실 잡지를 만들 때는 흔히 말하는 상업출판에서는 하지 않는, 일반적이지 않은 디자인을 통해 작은 저항(?) 같은 것을 하고 싶었습니다. 이 점이 독립출판을 하는 가장 큰 장점이자 이유인 것 같습니다. 편집자는 편집을 하지 않는다고 하는데, 그렇다면 디자이너는 무엇을 하고 무엇을 하지 않을 수 있을까. 책은 이래야 한다고 말하는 것들을 하고 싶지 않았어요. 표지에 제목을 넣지 않고, 아무런 정보를 주지 않기. 그리고 각 호마다 잘못된 구두점을 사용했어요. 오탈자를 바로잡지 않고 그대로 인쇄하고 싶었습니다. 독립출판이고 무가지이기 때문에, 또 제작비도 한정되어 있기 때문에 판형이나 지질 등 제작 사양은 비용이 적게 드는 방향으로 결정하되 그 한계 안에서 여러 변주를 시도했습니다. 다시 저희 첫 단행본 『격자시공』으로 돌아와서, 독립출판이라는 '안'에서 상업출판이라는 '밖'으로 조금 나가 보았습니다. 표지를 잘 보시면 인터뷰이의 이름들이 격자 안에 여기저기 흩어져 있는데요. '가로운 공간'과 '세로운 시간' 사이에, 작은 틀에서는 출판이 될 것이고, 큰 틀에서는 개개인의 공간이 되겠지요. 그 안에서 저마다의 공간과 시간이 만나서 헤어지고, 들고 나는 것을 표현하고 싶었습니다. 본문은 '격자시공'이라는 말처럼 격자를 만들었어요.

인터뷰이들이 출판을 하는 이유와 그를 표현하는 방법은 모두 제각각이기 때문에 같은 레이아웃으로 표현하고 싶지 않았습니다. 그래서 각각의 인터뷰이마다 모두 다른 레이아웃을 짰습니다. 그래서 정신 바짝 차리지 않고 읽다간 글의 흐름을 놓칠 수 있어요. 정말 한 땀 한 땀 만든 본문이라 애착이 더 가는 책이기도 합니다.

편않의 사고와 『격자시공』에서 '젊음'이 느껴진다면 제가 너무 늙은이 같나요.

<u>기경란</u> 이 책을 만들 당시에 참여한 인터뷰이의 연령대에 편차가 있기는 하지만 '젊은 시절', '어릴 때' 할 법한 고민과 이야기가 담겨 있어서 그렇게 느끼지 않았을까요?
<u>지다율</u> 이 책을 기획하고 인터뷰이를 섭외할 때도 독립출판계에서 두드러지는 분들, 젊고 새로운 시도를 하는 분들 위주로 주목하고 섭외했기 때문에 저희 기획 의도가 잘 전달된 걸 수도 있겠네요.

무가지로 독립잡지를 발행하다 가격이 매겨진 단행본을 내게 된 계기가 있었나요?

김윤우 우선 단행본 발행 자체를 이야기하자면, 편않이라는 이름으로 모인 것은 2017년이지만 단행본을 낸 것은 2021년으로 사 년의 기간이 있었습니다. 좀 시간이 걸렸어요. 단행본의 세계로 한 발짝 떼야 한다는 생각은 공통으로 가지고 있었는데 시작이 조심스러웠던 것 같아요. 시작이 있어야 그다음도 있다고 생각했고, 잡지 〈편않〉 고정 코너로 있던 인터뷰를 단행본으로 내는 것이 우리에게 좋은 시작이 될 수 있겠다는 의견이 모였어요.

기경란 잡지에 가격을 매기지 않은 이유에 대해, 값이 매겨지는 순간부터 그 이상 이하의 가치도 아닌 그 값에 상응하는 가치를 가지게 되기 때문이라고 호기롭게 이야기하기도 했었죠.

지다율 가격을 매기지 않은, 등록되지 않은, 데이터로 잡히지 않는 책에 대한 낭만과 환상이 있었던 건 사실이에요. 모든 게 상품이 되어 버린 이 낡아 빠진 '구세계'에서 무가지[무까지] 하나 정도는 있어도 괜찮잖아, 하는 심정이었습니다. 그런데 실제적으로 '가격을 매긴 책'이라는 상품을 통한 교환이 아니고서는 우리의 지속성과 확장성을

43

상상할 수 없게 되었어요. 그 시점에 첫 단행본을 발행하게 되지 않았나 싶어요.

기경란 값이 매겨진 물건을 내기 시작한 것이 우리에겐 좋은 의미의 타협이었던 것 같네요. 그래서 이렇게 지속하고 있는 게 아닌가 싶기도 합니다.

지속과 확장을 위한 타협으로 발행된 첫 단행본이라 하니, 책에 매겨진 15,000원이라는 가격에서도 의미를 찾게 되는데요.

지다율 음, '가격을 매기지 않음'을 포기했다는 의미가 있을까요?

김윤우 책 한 권을 만들 때 종잇값, 인쇄 제작비만 드는 건 아니잖아요. 인건비, 인세, 고료, 회사 운영비 외에도 포함되어야 할 비용은 많은데 그렇게까지 따지지는 않았고, 비슷한 사양의 책을 참고해서 정해진 가격이에요.

지다율 따지려면 왜 못 따지겠어요. 하지만 우리가 현실적으로 아무리 고민해도 고려할 수 없는 노동에 대한 대가는 애초에 가격에 반영될 수 없었죠. 이것이 우리의 상황이자 한계이기도 하고, 출판계의 현실적인 고민이기도 할 거예요. 이런 고민들이 그대로 투영된 가격이 아니겠나 하는 생각도 듭니다.

가격이 매겨지지 않은 잡지와 가격을 매긴 단행본에는 어떤 차이가 있던가요.

김윤우 ___ 무가지를 발행할 적에는 재고가 얼마나 남아 있는지부터 시작해서 누가 이 책을 읽고 어떻게 느꼈는지에 대한 감각들이 옅었던 것 같아요.

기경란 ___ 단행본은 창고에 몇 부 남아 있는지 정확한 숫자로 확인할 수 있죠.

지다율 ___ 그렇지만 수치로 설명되지 않는 감상과, '독자와 어떻게 만나는가?'에 대한 궁금증은…… 여전히 체감된다고 말할 수 없는 부분이에요.

무가지 때는 최대한 빨리, 널리 배포하고 싶은 마음에 우리의 시간과 비용을 들여 한시적이고 집약적인 소진이 가능했다면, 단행본은 독자의 주문에 따라 출고가 일어나기 때문에 시간적으로는 산포되어 있는 것 같아요.

무가지 발행의 마지막 단계가 '배포'라면, 단행본은 '판매'일 텐데, 이 과정에서 마케터의 부재가 느껴지는 순간이 있었다면요?

기경란 ___ 책 나오고…….

지다율 늘상…….

(일동 웃음)

기경란 책을 내고 난 후 판매를 위한 어떠한 시도도 없었기 때문에, 그때 마케터 역할을 해 줄 누군가가 있었다면 달라지지 않았을까 하는 미련과 아쉬움이 있어요. 마케팅을 하지 못한 것이 아니라 무지해서 할 수 없었던 것이기 때문에요. 이런 의미에서 『격자시공』은 저희에게 아픈 손가락이에요.

지다율 2024년 현재 아홉 권의 책을 냈는데, 마케팅 부분은 점차 개선되고 있어요. 첫 책은 MD 미팅조차 하지 않았다면, 작년에 나온 『책에 대한 책에 대한 책』(이하 『책책책』)은 평소에 저희를 응원해 주시던 마케터님들께서 MD 미팅을 같이 가 주시기도 했고요.

기경란 『책책책』이 발행한 지 두 달도 채 안 돼서 삼 쇄를 찍었는데, 이걸 보며 많은 상상을 하게 되죠. 지금과 같은 마케팅을 했다면 첫 책이 '어떻게' 팔렸을까 하는 궁금증이 엄청나게 커졌어요.

지다율 『격자시공』은 도서전에서 실물을 보시고 신선함에 집어 드는 독자가 제일 많은 책이에요.

기경란 그럴 때면 이 책이 대형 서점의 매대에 놓였다면 어땠을까 하는 생각을 하게 되죠. 그럴 기회조차 주지 않은 책이니까요.

매대에 놓였다면……, 하는 상상을 함께해 보게 됩니다. 책의 실물을 보고 디자이너의 '지위'를 가늠해 볼 만큼 저에게는 파격적인 물성이었거든요.

기경란　편앞 안에서는 각자의 자율도가 200%거든요. 그런 의미로 치면 다른 친구들도 다들 같은 위치에 있어요. 내가 하고, 내가 확인해서 내가 끝낸다는 내부적인 약속이 있기 때문에 각자 편하게 하고 싶은 대로 다 하고 있거든요. 우리 편집자들은 디자인에 대해 전혀 터치하지 않기 때문에 구애받지 않고 작업할 수 있었어요. 그래서 좋았고 재밌었어요.

디자인에 대해 좀 더 설명해 주세요.

기경란　1부 제목인 '가로운 공간'과 2부의 '세로운 시간'을 일차원적으로 표현했어요. 평면인 그리드에 이야기를 얹으면 입체적이 되겠죠. 개인적으로 같은 시공간에 있어도 돌아보면 각자 다른 공간과 시간에 놓여 있다고 생각하거든요. 그래서 판면의 그리드를 다 다르게 표현했어요.

지다율 　다른 자리에서 경란 님의 디자인 의도를 들을 기회가 있었는데 처음 듣는 이야기가 계속 나오는 거예요. 말을 많이 시켜야겠다고 생각했죠. (웃음)

기경란 　제가 하고 싶은 대로 하는 거니까 묻지 않으면 굳이 설명하지 않았어요. 말하지 않으면 아무도 모르지만 제가 알고 있으니까요.

책을 자세히 들여다보면 종이 자체에 먼지 같은 입자가 있어요. 종이의 질감도 부드럽긴 하지만 매끈하지는 않아요. 우리는 우주의 먼지 같은 존재이고, 현실은 매끈하지 않으니까요. 도비라의 모든 이미지를 쌓으면 표지의 이미지가 돼요. 이미지가 쌓이며 글자들은 가려져 보이지 않지만 이 안에 모두 존재하고요. 만남과 헤어짐의 의미를 담았어요. 물론 아무도 모르겠죠. 제가 설명하지 않았으니까요. (웃음)

김윤우 　전에 들은 이야기인데, 어느 출판사의 편집자가 디자인을 확인하는데 편집자 입장에서는 받아들일 수 없는 디자인이었다는 거예요. 가독성이 떨어질 것 같고, 독자가 받아들이기 어려울 것 같고요. 디자이너에게 의도를 물으니 '책을 보는 독자의 눈에 가시가 박혔으면 좋겠다'라고 이야기했다고 해요. 이 표현이 너무 재미있어서 오래 기억하고 있는데 경란 님의 작업물을 보면, 그때 그 디자이너가 생각했던 '가시'가 이런 걸까? 하는 생각을 하게 돼요.

경란 님의 디자인을 보면 되게 즐거워요. 이런 재미있는
시도가 더 많아지면 좋겠어요.

**묻지 않았으면 어쩔 뻔했나요. 디자이너의 의도에 버금가는
편집자의 의도도 들려주세요.**

<u>지다율</u>　　이스터에그(easter egg, '부활절 달걀'이라는 뜻.
제작자나 프로그래머가 책·영화·DVD·프로그램·게임 등에 사용자
몰래 숨겨 놓은 여러 가지 메시지나 기능을 뜻한다.)로 일부러
숨겨 놓은 'ㄶ' 받침들이 있어요. '편집자'를 '편집자'로 쓰는
거죠. 독자분들이 종종 오타라고 알려 주시기도 한답니다.
개인적으로 제가 반항하고 의문을 품은 것들을 우리 책을
통해 공유하고 싶다는 생각이 있어요. 기획하고 편집하는
입장에서 시도해 볼 수 있는 것들로 균열을 내고 장난도 쳐
보고 싶어요. 제가 납득할 수 없는 표준어 규정이나 띄어쓰기,
외래어 표기법은 지키지 않기도 하고요. 지금 작업 중인 책은
일러두기에 "외국 인명과 지명 등은 대체로 외래어 표기법을
따랐으나, 그냥 안 따른 것도 있다."라고 적어 놨어요. 이
'그냥'이 중요하다고 생각합니다.

49

출판사를 등록하고 사업체를 운영하는 것이 세 분께 과해진 업무가 아닐까 생각했는데, 제 생각이 틀린 것 같아요. 세 분 이야기를 듣고 나니 편않이 각자의 여한을 푸는 신명 나는 자리로 느껴져요. 앞으로 편않이 풀어 갈 이야기를 들려주세요.

지다율 일단 언론·출판인 에세이 시리즈 〈우리의 자리〉와 에세이 앨범 시리즈 〈흐름들〉을 계속해 보려고요. 그리고 연말 출간할 철학 입문서를 기점으로 또 영역을 확장해 보려 합니다.

김윤우 편않이 던지는 질문 중에 '책이란 무엇일까?'라는 질문이 있어요. 편않 활동으로, 또 업으로도 책을 다루고 있지만 일을 하면 할수록 책이 뭘까 하는 질문을 던지게 되더라고요. 책보다 재미있는 게 훨씬 많은 요즘 시대에 '책이 뭘까?' 하는 질문을 계속 던지는 책을 만들고 싶습니다. 독자가 '나에게 책이라는 것은 무슨 의미일까?'라는 질문을 던지게 하고 싶어서 『책책책』을 만들었고, 앞으로도 책이라는 세계가 궁금해지게 만드는 책을 만들고 싶습니다.

기경란 저는 계속 가시를 박고 싶고요. (웃음) 재밌는 책을 만들고 싶어요. 친구들이 재밌는 책을 기획해 오면 그에 맞게 디자이너로서 재미있게, 더 재미있게, 그들이 모르는 나만의 재미로 작업해 나가고 싶네요.

질문하고 답을 찾는
출판공동체 편않・『격자시공: 편않, 4년의 기록』

이런 마음들이 편않을 지속하게 하는 걸까요? 칠 년이라는 긴 시간을 함께한 힘, 앞으로 함께하게 할 힘은 무엇일까요?

지다율 이 질문이야말로 각자의 생각이 다를 것 같아요. 저는 우리가 과연 계속할 수 있을지 확인하고 싶어서 계속하고 있어요. 계속해 봐야 확인할 수 있으니까요. 무가지만 발행하다 사업자 등록을 하고 가격을 매긴 단행본을 냈을 때 편않의 확장과 지속을 염두에 두었어요. 동지들과 우정으로든, 벌이로든 어디까지 갈 수 있나 확인하고 싶어요.

김윤우 책의 재미가 가장 큰 원동력이에요. 편않에서만 느낄 수 있는 재미가 있어요. 너무 거창한 생각은 하지 않으려고 해요. 너무 무거워지면 제가 어렵더라고요. 지금 재미있는 일을 되는대로, 하지만 최선을 다해서 하려고요.

기경란 제일 큰 건 개인적인 재미거든요. 어떤 매체든 재미가 없으면 외면당하는 것처럼 저도 언젠가 편않이 재미없어지면 그때는 어떻게 될지 모르죠. 그러면서도 칠 년의 시간을 들였는데 이제 와서 멈추기는 아깝다는 마음이 있어요. 일단은 지금처럼 계속하기 위한 재미를 이 안에서 찾을 것 같아요. 그렇게 찾은 재미가 또 다른 재미있는 일로 확장되고 있다는 느낌이 들고요.

출판사 & 도서 정보

출판사명 **출판공동체 편않**

출판사 등록일 **2021년 3월 24일**

대표 **(일단은) 지다율**

첫 책 **격자시공: 편않, 4년의 기록**

분류 **국내도서>정치/사회>언론/신문/방송>출판>출판일**

　　반(교보문고)

　　국내도서>인문>출판/서점>출판 이야기(예스24)

　　국내도서>인문학>서지/출판>출판/편집(알라딘)

제작 기간 **약 6개월(인터뷰 기간: 2018~2021년)**

발행일 **2021년 10월 1일**

보도자료를 통해 본 『격자시공: 편않, 4년의 기록』

출판공동체 편않이 만난 '독립출판계'의 이야기
여덟 팀과 다섯 명이 직조하는 다채로운 격자

출판공동체 "편집자는 편집을 하지 않는다"(이하 "편않")가 만난 독립출판 여덟 팀의 인터뷰를 엮은 책. 2018년부터 발행하는 독립잡지 〈편집자는 편집을 하지 않는다〉의 고정 인터뷰 코너에 실렸던 글들에 더해 인터뷰이들이 직접 말하는 '인터뷰 그 후의 이야기'를 수록하고, 새롭게 진행한 인터뷰와 지난 사 년간 경험한 "편않" 활동을 돌아보며 "편않" 구성원들이 쓴 이야기가 담겼다.

"편않"은 기존 출판의 권위적·퇴행적 관행에 의문을 갖고 새로운 장을 열어 보자는 취지로 2017년 시작된 출판공동체이다. 그동안 잡지 발행 외에도 대담, 세미나, 독자와의 만남 등 다양한 행사를 기획 및 진행해 왔으며, 올해부터는 출판사로서의 활동을 본격적으로 시작했다.

『격자시공: 편않, 4년의 기록』은 출판사 "편않"이 처음으로 선보이는 첫 단행본이다.

출판공동체 편않

　책과 출판·편집·디자인에 관해 질문하고, 의심하고, 답을 찾아보기 위해 모였고, 계속 헤매는 중이다. 출판계는 왜 늘 불황일까, 사람들은 왜 책을 읽지 않을까, 출판노동자들은 왜 이직이 잦을까, 어떤 출판사가 좋거나 나쁠까, 결국 책이란 도대체 무엇일까 등 산적한 문제들을 더 이상 외면하지 않고 누구나 함께 고민하는 장을 마련하는 것이 우리의 목표이다.

김윤우

출판공동체 편않에서 기획 및 편집 등을 맡고 있다. 크지도 작지도 않은 출판사에서 편집자로 일한다. 화면과 지면을 왔다 갔다 하면서 『당신은 사건 현장에 있습니다』의 사건들을 풀고 있다.

기경란

어쩌다 보니 북디자이너가 되었다. 출판공동체 편않에서, 그리고 또 어딘가에서 북디자인을 하고 있다. 박경리 대하소설 『토지』를 N번째 읽고 있다.

지다율

오랫동안 '시 쓰는 기자'가 되고 싶었으나, 끝내 시도 기사도 쓰지 못했다. 지금은 출판공동체 편않에서 책을 만들며 저널리즘스쿨 오도카니를 운영하고 있다. 언제부턴가, 여름마다 『죽음의 한 연구』를 읽는다. 언제쯤, 우리는 『자본』을 통과痛過할 수 있을까.

김은화

『나는 엄마가 먹여 살렸는데』

딸세포 편집자가
전하는
여성의 이야기
딸세포

『나는 엄마가 먹여 살렸는데』의 표지 위에 박영선 씨가 서 있다. 단단히 동여맨 꽃무늬 포대기, 식량을 가득 채운 손뜨개 장바구니, 언제든 나설 수 있도록 뒤축을 구겨 신은 기동성 좋은 운동화 그리고 그녀의 반듯한 자세에서는 등에 얹은 식솔의 무게도, 손에 든 가계의 무게도 느껴지지 않는다. 선글라스 너머로 가장의 비장한 각오가 읽히는 듯도 하다.

딸세포 출판사 김은화 대표는 엄마의 생을 담은 이 한 권의 책을 위해 출판사를 차렸다. 나는 엄마를 인터뷰했다는 책 소개 앞에서 눈을 질끈 감고 잠시 물러앉았는데 언제 어디서 터질지 짐작할 수 없는 눈물 지뢰와 갚을 길 없는 헌신의 부채를 감당할 자신이 없었기 때문이다. 그런데도 제목의 흡인력은 엄마가 키운 딸을 정확히 겨냥해 독자를 박영선 씨의 삶으로 끌어당겼다. 그녀가 살아온 가부장제 사회는 중학교도 채 졸업하기 전인 소녀를 생활 전선에 내몰고도 그 노동의 가치를 제대로 인정해 주지 않았다. 하지만 약 오십 년 후 그녀의 딸은 『나는 엄마가 먹여 살렸는데』를 통해 자신의 삶으로 여성 노동의 역사를 증명해 낸 엄마의 삶에 명예를 부여했다.

김은화 대표는 엄마의 이야기를 책으로 엮어 낼 결심을 하고도 한참의 시간이 흐르는 동안 있는 힘을 다해 원고를 외면했다고 한다. 감당해야 할 감정의 무게로부터 자신을 지키기 위한 본능이었을까. 그럼에도 엄마의 삶을 끝내 온전히 마주할 수 있었던 담대함은 어디에서 비롯된 것일까.

나는 영선 씨의 역사가 책이 되는 과정을 따라가다 그 실마리를 찾았다. 김은화 대표는 자신은 새로운 일에 거침없이 뛰어드는 사람이 못 된다고 했다. 하지만 김 대표는 감정의 높은 파고를 예측하고도 피하지 않았고 엄마의 이야기를 가장 잘 다룰 수 있는 사람은 자신이라는 것을 확신하고 망설임 없이 책의 편집을 자처했다. 김 대표는 그저 선택과 그 뒤에 이어진 또 다른 선택으로 자연스럽게 책을 완성해 냈다고 말했지만 모든 과정에는 낯익은 용기가 있었다. 결정적인 순간마다 발휘되는 김 대표의 결단력도 어쩐지 익숙했다. 김 대표가 책 속에서 조목조목 짚어 낸 영선 씨의 '멋짐'이 딸세포에 담겨 '김은화'를 이루고 있던 것이다.

　『나는 엄마가 먹여 살렸는데』에 기록된 역사는 비단 영선 씨만의 것은 아니다. 주어진 시대를 있는 힘껏 살아 내고 후손에게 더 나은 자리를 마련해 준 우리 어머니 세대의 것이다. 삶 자체가 업적인 세상의 모든 영선 씨를 기리며 인류의 모든 순간에 작용하는 모세포의 유산을 헤아려 본다.

딸세포 출판사의 첫 책 『나는 엄마가 먹여 살렸는데』를 소개해 주세요.

엄마의 인생을 기록한 책이에요.

지인의 제안으로 최현숙 작가님의 구술생애사 수업을 듣게 되었어요. 작가님의 책을 흥미롭게 읽었고 인간적으로도 작가님이 궁금하던 차에 좋은 기회였죠. 구술생애사는 평범한 사람들의 인생을 듣고 기록한 역사예요. 한 사람의 삶 자체를 역사로서 다루는 것인데, 그 안에서 사회적 맥락을 발견하기도 하죠. 저는 사회학과 심리학을 복수 전공했어요. 사회적 현상과 개인의 삶과 내면 둘 다 중요하다고 생각하는데, 구술생애사를 통해 이 둘을 함께 볼 수 있는 장면이 만들어지더라고요. 저와 잘 맞는 장르라고 생각했어요. 수업 과정에 직접 인터뷰를 하는 시간이 있었는데 그 대상을 엄마로 정했어요. 저 말고도 엄마를 선택한 사람들은 많았어요. 가장 가깝지만 가장 이해할 수 없는, 그렇지만 이해해 보고 싶은 사람. (웃음) 저는 여기에 죄책감이 더해졌어요. 엄마는 이혼하고 저와 오빠를 힘들게 키우셨는데, 저희는 둘 다 취업한 지 얼마 안 돼 결혼을 하고 엄마 곁을 떠났죠. 그때 엄마 혼자 반지하 집에 남겨 두고 빠져나온 것에 대한 미안함이 있었어요. 언젠가 엄마가 "삶에서 이룬 게

아무것도 없다."라고 하셨는데 절대 그렇지 않다고 말씀드리고
싶었어요. 엄마가 살아온 날들을 복기해 보면 스스로 자기
삶을 다르게 해석할 수 있지 않을까.
사실 내 속이 편하고 싶어서 시작한 일인지도 모르죠.

구술생애사 작업이 인터뷰에 그치지 않고 책이 되어야 했던
까닭이 있을까요?

구술생애사 작업을 할 때 출간을 염두에 둔 것은 아니었어요.
최현숙 작가님께서 날것의 녹취록을 보시더니 기술자료로서
가치가 있으니 책으로 내 보는 것이 어떻겠냐고 하셨죠.
엄마의 구술 내용 중에 마산수출자유지역 안에 있는
의류업체에서 일하면서 노사협의회 대의원도 하고 집회하러
나갔다가 붙잡히기도 했다는 내용이 있거든요. 칠팔십 년대
여공들이 나서서 노동운동을 한 것에 대해서 자세히 다뤄진
텍스트가 없는데 이에 대한 내용이 들어 있으니 역사적으로
책이 될 가치가 있다는 거죠. 그때 처음으로 '그렇다면 책으로
내 볼까?' 하는 생각을 하게 된 것 같아요.

만만찮은 권유를 자연스럽게 실현해 내는, 비범한 분이세요.

출판사를 다닌 이력이 없었다면 감히 결심하지 못했을 거예요.
제가 새로운 일에 거침없이 뛰어드는 사람은 못 되거든요.
저에게는 삼 년 동안 출판사를 다니며 쌓아 온 출판편집
기술이 있으니 책을 만드는 과정 자체는 어려운 일이
아니었어요. 도리어 엄마의 이야기를 마주하고 희로애락을
고스란히 느끼며 작업해야 했던 시간이 감정적으로 힘들었죠.
제가 편집일을 해 왔으니 '이력이 없는 저자, 무명의 화자, 날것
상태의 초고'를 받아 줄 출판사가 없다는 것은 알고 있었어요.
거기다 이 원고를 가장 잘 다룰 수 있는 편집자가 나라는
것도 알았죠. 잘 다룬다는 것은 만듦새나 판매량의 의미가
아니고, 엄마의 이야기를 가장 바르게 해석할 사람은 나라는
확신이에요. 말과 말 사이에 숨은 맥락을 나보다 정확히
알아챌 편집자는 없을 것이다. 그러므로 나는 그 누구에게
편집을 맡겨도 만족하지 못할 것이다. 그렇게 직접 편집하기로
결정하고 출판사를 등록했죠.

『나는 엄마가 먹여 살렸는데』를 첫 책으로 낸 출판사 이름이
딸세포라니, 확고한 정체성이 느껴지는 브랜딩이에요.

딸세포는 모세포가 분열하여 새로 생긴 2n개의 세포를
말해요. 이렇게 소개하면 "아, 과학출판사인가요?" 하고
되물으시는 분도 있어요. (웃음)
제가 다닌 학교에 딸세포라는 이름의 페미니즘 소모임이
있었어요. 회원은 아니었지만 '딸세포'라는 단어에 담긴
의미는 알고 있었거든요. 남성 중심의 세계에서 여성을
기본값으로 한 보기 드문 단어죠. 좋은 의미로 기억하고
있다가 출판사 이름이 한창 고민될 때 떠올라서 쓰게
되었어요. 이름에서 유추할 수 있듯 여성 서사를 다루는
출판사예요.
사실 딸세포는 하위 브랜드예요. 판권면을 보시면 펴낸곳
괄호 안에 '피치북스'라고 적혀 있죠. 출판사명을 정할 때
'딸세포'와 '피치북스'가 마지막까지 경합을 벌였어요. 둘 다
포기할 수 없는데 '피치북스'는 누군가 탐낼 법한 이름이라
생각됐어요. 뺏기고 싶지 않아서 우선 피치북스로 출판사
등록을 하고 딸세포는 하위 브랜드로 삼았죠. 피치북스는
복숭아를 연상시키는 상큼한 이름이지만 '피치(피하지)
못하는 책만 출판한다'는 단호한 의미가 담겨 있죠. 나 아니면

못 내는, 지나칠 수 없는 책만 내야 하는 거예요. 『나는 엄마가 먹여 살렸는데』도 그 의미에 딱 맞는 책이죠.

엄마가 먹여 살린 딸로서 집어 들지 않을 수 없는 제목이에요.

책의 제목을 정하는 것은 언제나 지난한 일이에요. 편집자가 하는 가장 중요한 일이 제목을 만드는 거라고 생각해요. 콘셉트가 잘 잡힌 제목을 따라 패키징을 하고 마케팅 문구를 짜다 보면 책이 만들어지거든요. 다만 최선의 제목을 결정짓기까지 고통의 시간을 보내죠. (웃음) 은유 작가의 칼럼 〈엄마의 노동은 일흔 넘어도 계속된다〉가 인상 깊어서 스크랩해 놓았었어요. 이런 내용이에요.

나는 글쓰기 수업에서 학인들이 써오는 부모님에 관한 글을 읽으며 '남자는 돈 벌고 여자는 살림한다'는 가부장제 성별 분업 구도가 허위는 아닐까 자주 의심한다. 자식들 증언에 의하면, 아버지가 생계를 맡았지만 온전히 책임지지 못하곤 했다. 엄마는 식당 아줌마로, 목욕탕 매점 이모로, 백화점 의류판매원으로, 똥 치우는 간병인으로 일했고, 농사짓거나 장사했다. 그러고도 당연히 살림까지 도맡았다. (2017.4.2. 시사인)

엄마의 이야기를 듣다 보니 저장해 놓았던 이 칼럼이
생각났어요. 은유 작가의 칼럼과 엄마의 인터뷰 내용,
여기에 더해 제가 사회학 수업과 페미니즘 수업에서 배웠던
것들(여성은 계속 일하고 있었는데 사회적으로는 가시화되지
않았었다는 내용)까지 더해서 한 줄로 명확하게 보여 줄 수
있는 제목이 뭘까 고민하다 나온 것이 '나는 엄마가 먹여
살렸는데'예요.
제목이 정해졌다는 것은 이 책의 콘셉트가 명확하다는 거니까,
제목을 믿고 가 봐야겠다고 힘을 얻은 부분도 있어요.

믿고 의지할 만한 든든한 제목에, 표지가 곧 내용이겠구나 싶은
찰떡 디자인이에요.

편집자마다 잘하는 일이 다를 테지만 저는 정확한 타기팅이
장점인 편집자인 것 같아요. 제목에 '딸'들에게 소구하는
지점이 있었다고 봐요. 전업주부라 하더라도 기본적으로
자식들을 먹여 살린 사람은 엄마라고 생각하거든요. 책이
팔리는 걸 보고 '생각보다 엄마가 먹여 살린 사람이 많은가
보다' 했어요.
디자이너의 역할도 컸어요. 김진영 디자이너는 가장 친한
친구이자 저와 결이 잘 맞는 디자이너예요. 덕분에 『나는

엄마가 먹여 살렸는데』도 제가 생각한 이미지와 딱 맞는
물성으로 만들어질 수 있었어요. 어떻게 하면 이 책이 개인의
이야기이자 역사라는 점을 시각적으로 잘 보여 줄 수 있을지
디자이너와 함께 치열하게 고민했죠. 이 부분은 연표를 넣고
그 안에 개인사와 사회사를 나눠 담아 독자들이 한눈에
이해할 수 있게끔 구현했어요. 한 사람의 역사가 담겨 있으니
다큐를 보는 것처럼 한 호흡에 읽혔으면 했던 부분에는
내용을 시각적으로 직관할 수 있는 사진을 넣고, 여러 디자인
요소들이 본문의 내용과 유기적으로 맞물리도록 구성했죠.
잘 읽히게 만들려고 치밀하게 계산해서 디자인을 했는데,
'후루룩 읽었다'는 독자들의 후기를 들었을 때 '역시 의도한
대로 되었군' 하며 뿌듯했어요.

꼼꼼한 기획이 낳은 결과물이군요.

정말 재미있게 작업했어요. 디자이너와 함께 이 책에 구현하고
싶은 것을 최대한 담아 보겠노라 다짐하고 시작했죠.
상사의 컨펌 없이 내는 책이니, 내 색깔에 맞지 않는 작업을
하며 반려당할 일도 없고 시간에 쫓겨 성에 차지 않는 시안을
넘길 일도 없었어요. 나와 맞는 텍스트에 내 재주를 쓰는 일은
편안했고 마음 맞는 사람과 하는 작업은 즐거웠어요.

인쇄 넘기기 직전에 디자이너가 속표지를 만들어 보고
싶다고 해서 '그래, 만들어 봐!' 했죠. 제작 단가가 높아질 것을
알지만 디자이너가 해 보고 싶다면 하게 해 주는 거예요. 내가
사장이니까. (웃음) 우리가 만족하는 수준의 작업물을 내놓고
싶은 마음이 가장 우선이었으니까요.

멋진 팀이에요. 홍보도 그만큼 주도면밀했을지 궁금해요.
크라우드 펀딩을 하셨네요?

가족들이 밀어준 종잣돈이 이백만 원 남짓, 디자인 비용에
인쇄비, 마케팅 비용 등을 고려하면 예산이 모자라서 펀딩을
할 수밖에 없었어요. 이 책이 출간된 2019년만 해도 작가가
직접 쓰고 편집하는 독립출판을 할 경우, 텀블벅 펀딩을
하는 게 당연한 수순으로 여겨졌고요. 펀딩을 통해 출간
비용을 마련하려는 것도 있었지만, 마케팅 차원에서도
유용해 보였어요. 실제로 텀블벅 펀딩을 진행하는 동안
〈한겨레21〉에서 인터뷰 기사를 실어 주셔서 책을 홍보하는 데
많은 도움이 됐어요.
그런데 텀블벅 펀딩으로 일 차 판매를 마친 후 흐름을
놓쳤어요. 편집과 펀딩에 몰두하고 나니 홍보에 쓸 기운이
남아 있지 않았죠. 심지어 독자 후기를 가지고 이 차 언론

홍보를 하고, 서점 MD를 만나 책을 알려야 한다는 걸 나중에야 알았어요. 출판사 안에서 편집자는 책을 내고 나면 뒤를 돌아보지 않거든요. 뒷일은 마케팅 부서에서 맡죠. 책을 받아 본 독자의 '추가 구매를 하고 싶은데 이 책 어디서 살 수 있죠?' 하는 문의에 떠밀려 겨우 서점에 입고 요청서를 보내고 유통을 알아볼 수 있었어요. 카드뉴스를 만들어서 SNS에 광고를 하고, '저자 김은화'로 덜덜 떨며 북토크도 하고요. 할 만큼 했다고 손을 놓으려던 차에 김진영 디자이너가 독립출판물 마켓에 나가 보자고 했어요. 그러다 꿈도 꾸지 못한 언리미티드 에디션에 덜컥 판매자로 참여하게 되었죠. 이벤트가 있어야 할 것 같아서 '박영선 여사 사인회'를 열었어요. 사실 행사 현수막을 내걸면서도 누가 올까 싶었거든요. 그런데 정말 많은 분들이 오셔서 줄을 서 책을 사고 엄마께 사인을 받아 가셨어요. 책도 많이 팔았고 무엇보다 엄마의 기를 살릴 수 있어 좋았죠.

그렇게 삼 개월 만에 이 쇄를 찍으셨다고요.

책을 내기로 하고 내내 '망할 걱정'을 달고 살았어요. 텀블벅 펀딩이 무산되면 어쩌나, 책이 안 팔리고 창고에 쌓여 있게 되면 어쩌나 하는 생각에 불면의 밤을 보냈거든요. 주변에

걱정을 널리 알리고 다녀서인지 펀딩 첫날부터 후원금이 쭉쭉
쌓여 갔어요. 목표했던 금액을 훌쩍 넘은 펀딩액이 모였죠.
모인 돈으로 디자인 비용을 지불하고, 인쇄비와 물류비를
충당할 수 있었는데 정작 편집자인 나에게 줄 보수는
없더라고요. 일 쇄의 재고가 떨어지는 것을 보며 출판사
대표인 자아는 '벌써? 통장에서 돈이 또 빠져나간단
말이야?' 했어요. 다시 인쇄소를 알아보고 견적을 내야 했죠.
작가이기만 했다면 순수하게 증쇄를 기뻐할 수 있었을 거예요.
많은 분이 읽어 주셔서 증쇄할 수 있었던 거니까 감사해요.
이천 명이 넘는 독자가 이 책을 읽었다는 사실은 여전히
신기하고 얼떨떨하고요.

**그 뒤로 이 년 만에 두 번째 책이 나왔어요. 첫 책이 두 번째 책에
끼친 영향이 있다면요?**

이 년 만에 책이 나온 건 신간을 낼 생각이 없었기 때문이에요.
(웃음) 딸세포는 다음을 생각하지 않고 만든 출판사였거든요.
단지 『나는 엄마가 먹여 살렸는데』 한 권을 내기 위해 출판사
등록을 했고, 누가 다음을 물어보면 심플하게 '계획이 없다'고
답했어요. 그런데 두 번째 책이 나왔고 세 번째, 네 번째 책을
준비하고 있네요.

서점에 첫 책 입고 신청을 하며 알게 된 사실인데, 한 권의
책으로는 교보문고에 입점할 수 없어요. 출판사의 첫 책이라면
입점을 위해 다음 책 출간 계획을 써내야 했죠. 계획이 없었기
때문에 아무렇게나 적었어요. 마침 떠오른 친구의 칼럼으로
계획서를 채웠죠. 그 계획서대로 『희망을 버려, 그리고
힘내』가 딸세포의 두 번째 책이 될 줄이야! 이렇게 될 줄
모르고 두 번째 책의 저자인 김송희 작가와 "출판사 잘되면 내
책도 내 줘." 하는 농담을 주고받았더랬죠.
두 번째 책까지 내고 나니 마음 한구석에 내내 머물러 있던
막연한 두려움은 사그라들고, 마음이 단단해졌달까요.
혼자서도 가능한 일이구나, 열심히 하면 성과를 낼 수 있구나
하는 믿음이 생겼죠.

**계획이 없었음에도, 좀 더뎌도, 멈추지 않고 출판하게 하는 힘은
어디서 오는 걸까요?**

저는 출판사를 통해 천천히 긴 호흡의 저널리즘을 실현하고
있는지도 모르겠어요. 세상에 나와야 하는 꼭 필요한
이야기이고 분명히 반응할 누군가가 있을 거라는 확신이
드는 소재가 제 눈에 보석처럼 보여요. 이걸 다른 사람들은
그냥 돌멩이로 여긴다면 내가 잘 깎고 다듬어서 빛나게 보여

주고 싶다는 마음이 있어요. 누군가는 듣고 싶을 이야기를
들려주고, 그런 이야기를 꺼내 놓을 수 있는 사람이 있다면
기꺼이 듣는 일. 그 결과물이 책이 되어 독자들과 만나고
반향을 일으킬 때 희열이 있어요. 저에게는 다른 어떤
작업으로도 대체할 수 없는 기쁨이고, 그래서 계속해 나갈 수
있는 것 같아요.

출판사명 **딸세포(피치북스)**

출판사 등록일 **2018년 7월 17일**

대표 **김은화**

첫 책 **나는 엄마가 먹여 살렸는데**

분류 **국내도서>시/에세이>나라별 에세이>한국에세이(교**

　　 보문고)

　　 국내도서>에세이>여성 에세이(예스24)

　　 국내도서>사회과학>여성학/젠더>여성문제(알라딘)

제작 기간 **2년**

발행일 **2019년 5월 20일**

공장노동자부터 요양보호사까지
딸이 듣고 기록한 엄마의 육십 인생 고군분투기

예순두 살 엄마 박영선 씨는 말했다. "나는 삶에서 이룬 게 아무 것도 없다." 서른한 살 딸 김은화 씨는 생각했다. 새벽 여섯 시에 일어나 자식들 도시락부터 시부모 밥상까지 하루 열 번 상을 차리고, 집 앞의 물류창고에서 여덟 시간 이상을 꼬박 일하고, 주말에는 빨래와 장보기로 바빴던 엄마의 노동은 도대체 무엇이었을까. 마침 회사도 그만둔 마당에 작정하고 엄마의 인생을 처음부터 끝까지 들어 보기로 결심한다. 그 길로 눌러앉아 출판사 '딸세포'를 차리고 모녀 간의 마라톤 인터뷰를 첫 책으로 내놓는다.

이 책에는 엄마의 과거를 함께 들여다봄으로써 현재를 재해석하는 과정이 담겨 있다. 딸은 엄마를 긴 노동으로부터, 폭력적인 아빠로부터 지켜 줘야 할 사람으로 여겨 왔다. 이야기를 찬찬히 듣다 보니 인간 박영선 씨는 그 스스로 강한 사람이었다. 1972년 마산수출자유지역에서 공장노동자로 일하던 시절부터 2013년 요양보호사로 은퇴하기까지 박영선 씨는 사십 년간 제

손으로 가족의 생계를 책임져 온 사람으로서 가진 뿌리 깊은 자부심이 있었다. 여기에 가사와 육아, 시부모 돌봄 노동까지 전담해 왔다. 그러나 그 가치를 알아주는 사람은 없었다.

이에 저자는 어머니의 노동에 의미를 부여하고, 정당한 이름을 붙여 주기로 한다. 바로 남성에게만 부여되던 이름 '생계부양자'이자 '가장'이라는 명예로운 타이틀 말이다. 또한 엄마 박영선 씨의 삶을 넘어, 안팎으로 일해 왔지만 '남성=생계부양자'라는 신화에 가려 그 노동의 가치를 인정받지 못했던 베이비부머 세대 여성들을 향해 위로의 메시지를 전한다.

딸세포출판 대표, 작가, 마감 노동자.

세포가 분열할 때 원래 세포를 모세포, 새로 생긴 세포를 '딸세포'라고 한다. 인간의 기본값을 남성으로 삼는 세계에서 보기 드문, 귀한 단어를 출판사 이름으로 업어와, 엄마의 생애구술사 작업을 엮어 『나는 엄마가 먹여 살렸는데』를 출간했다. 너무 싫고, 너무 좋고, 너무 그립고, 너무 꼴 보기 싫고, 너무 이상한 엄마에 대한 모든 이야기를 사랑한다. 장일호 기자님이 '모녀 사회학'으로 명명해준 이 장르를 죽을 때까지 파 보고 싶다.

함께 쓴 책으로 『돌봄과 작업2』, 『이번 생은 망원시장』, 『일요 개그 연구회』가 있다.

맹수현

『어쩌면 너의 이야기』

새로운 장르를
개척하는
출판사 핌

『어쩌면 너의 이야기』는 함께여서 용기백배한 여섯 명의 여성 (여성 작가 그룹 D,D)이 맹수현 대표의 '나를 스토리텔링하는 동화쓰기'를 만나 이뤄 낸 결과물이다. 공동육아로 함께 아이를 키우던 이들은 아이를 돌보는 정성 그대로를 자신을 살피는 데 옮겨 보기로 했다. 펜을 들고 각자의 마음을 바라보던 순간, 여섯 편의 이야기가 시작되었다.

처음 마주한 내면은 그저 잔잔해 보였지만 몸과 마음, 머리를 자유롭게 하는 자맥질을 반복하며 그 안을 헤집고 나니 깊숙이 묻어 두었던 사건이 드러났다. 풀지 못한 감정이 응어리져 수면 위로 꺼내 올리기 쉽지 않았지만 누구도 포기하지 않고 기어이 자신의 이야기를 건져 냈다. 수십 년을 내버려 둔 사건의 처참한 꼴에 겁을 먹고 한때 도망친 이도 있었지만 마음을 다잡고 앉아 끈적하게 내려앉은 감정을 수차례 걷어 내고 나니 알맹이가 드러났다. 그렇게 발견한 진짜 이야기에서는 진귀한 빛이 났다. 스스로를 보듬고 다른 이들을 위로하는 치유의 빛이었다.

『어쩌면 너의 이야기』가 출간된 후 이 년여의 시간이 흐른 어느 날, 맹수현 대표를 인터뷰했다. 나는 이 책의 공동 저자로 맹수현 대표와 책의 탄생 과정을 같이한 사이이다. 공동육아로 만나 글쓰기 강사와 수강생의 인연을 거쳐 책 제작자와 작가의 관계를 이룬 지난날을 돌아보고 있자니 감개무량했다. 그간 무시로 나눠 온 출판기이지만 출간 과정을 되짚는 동안 일이 '되게 하는' 맹수현 대표의 신념과 힘을 다시금 실감했다. 동화에세이라는 장르의 탄생, 여성 작가 그룹 D,D의 데뷔, 출판사 핌의 창립, 『어쩌면 너의 이야기』가 책의 꼴을 갖추기까지의 모든 과정에는 맹 대표의 확신이 있었다.

이 책의 표지를 보았던 처음을 기억한다. 어둠 속에 놓인 여인의 모습에서 여섯 명의 작가가 하나 하나 겹쳤다. 먼 곳에서 비어져 나오는 아린 빛은 마침내 발견해 낸 우리의 이야기를 닮아 있었다. 담담한 여인의 뒷모습에서 한층 단단해진 우리가 보였고 마주 서는 이가 누구든 말없이 그러안고 도닥여 줄 수 있을 만큼 넓어진 품이 느껴졌다. 우리는 당시의 성취에

고취되어 이 표지가 D,D의 결실을 담기에 안성맞춤이라고 생각했던 것 같다.

맹수현 대표와의 인터뷰를 마치고 오랜만에 들여다본 표지가 이번에는 달리 보인다. 저 멀리 밝은 빛을 분명히 응시하고 선 여인에게서 흔들리지 않고 자신이 믿는 방향으로 뚜벅뚜벅 걸어 나가는 맹수현 대표가 보인다. 그리고 머릿속에 자연스럽게 영화 〈겨울왕국 2〉 O.S.T. 중 〈The Next Right Thing(해야 할 일)〉이 흘렀다. '포기는 없어. 나를 믿고. 해야 할 일을 해.' 이 가사 한 줄이면 맹수현 대표가 출판사를 세우고 첫 책을 완성해 내기까지의 과정이, 앞으로 출판사 핌이 나아갈 길이 충분히 설명된다.

『어쩌면 너의 이야기』 장르가 '동화에세이'예요. 독자로서는
처음 접한 장르인데요.

'동화에세이'는 출판사 핌이 처음 만든 장르예요. 지극히
주관적 관점인 에세이를 동화로 재구성했죠. 에세이에 이야기
장르의 옷을 입혔다고 보면 돼요.
2018년 초 한국문화예술교육진흥원 아르떼 아카데미에서
박영주 작가님의 '나를 스토리텔링하는 동화쓰기' 수업을
받았어요. 문화예술교육 강사를 대상으로 한 연수였는데
자신의 이야기를 동화로 풀어내는 것이 정말 흥미로웠어요.
이 수업을 기반으로 저만의 수업을 꾸렸죠. 독서 치유, 음악
치유, 미술 치유 프로그램과 평소 제가 해 오던 글쓰기 수업을
결합해 '동화에세이 쓰기' 과정을 만들었어요. 일반인과
군장병을 대상으로 진행했는데 초반부에 자신의 내면을
잘 풀어내는 과정을 거치니 그 끝에 좋은 작품들이 하나씩
나오더라고요. 일반 에세이가 아닌 장르적 글쓰기가 쉬운 일은
아닌데 말이죠. 작가이자 예술강사로서 제 신념 중 하나가
'누구나 글을 쓸 수 있다'는 것인데 동화에세이 쓰기 수업으로
확신이 더해졌죠.

작가 그룹 D,D의 다양한 이력이 '누구나 글을 쓸 수 있다'는 대표님의 신념으로 이해되네요.

배우, 교사, 수어통역사, 사회복지사, 심리 상담사, 캘리그래피 작가가 모였죠. 평범한 조합은 아니죠? 저를 포함한 일곱 명이 같은 공동육아 어린이집에 아이를 보내는 엄마들이었어요. 함께 아이를 키우다 보니 원래부터 마음을 터놓고 지내던 사이였죠.

제 신념 중 또 하나가 '좋은 글은 껍데기가 없는 글'이란 거예요. 그래서 동화에세이 쓰기 수업 중 많은 부분을 '자유로워지기'에 할애하죠. 글쓰기 수업이지만 사람 자체가 자유로워야 비로소 좋은 글을 쓸 수 있다고 생각하거든요. 그런데 저와 D,D와의 관계가 특별하다 보니 수업 과정도, 깊이도 다른 때와 달랐어요. 몸, 마음, 머리를 자유롭게 하고 내면을 끌어내는 과정을 육 차시로 계획했는데 자연스럽게 육 개월로 길어졌어요. 여타의 기관 수업이었다면 시간의 제약이 있었겠지만, 이 팀은 그런 게 없어서 흘러가듯 두었더니 서로에게 마음의 우물 밑바닥까지 드러내 보이는 자유로운 상태가 되었죠. 그렇게 나온 이야기는 깊이가 다를 수밖에 없었어요. 껍데기가 없는 온전한 알맹이 여섯 편이라니, 친구들과 땅 파고 놀다가 원석 여섯 개를 발견해 낸 거죠. 그냥

둘 수 없었어요. 책으로 만들어야겠다, 세상에 알려야겠다는
욕심이 생겼죠.

**책을 내야겠다는 생각이 출판사 핌 설립으로 이어지다니요. 책이
출판사를 냈군요.**
『어쩌면 너의 이야기』 원고가 완성되는 데 이 년여의 시간이
걸렸죠. 그에 비해 출판사 핌은 뚝딱하고 만들어졌어요.
용감했다고 해석하면 될까요?

무엇보다 동화에세이 장르가 지속성을 가져야 한다고
생각했어요. 그럼 어떻게 해야 하는가. 출판사 한 곳을
잘 만나 『어쩌면 너의 이야기』가 책이 된다 해도 두 번째
책이 보장되는 건 아니니까, 내가 출판사를 차리고 이 책을
내야겠다는 결론에 이른 거죠.
이십 대의 저였다면 당연히 공부부터 시작했을 거예요.
출판사를 차리기 위해 갖춰야 할 실력을 쌓으려고 했겠죠.
그 과정을 거쳤다면 과연 이 책이 세상에 나왔을까? 잘
모르겠어요. 아마 성향상 내 성에 찰 실력이라는 기준을
채우느라 많은 시간을 보냈을 텐데 시간이 흐른 만큼 이
원고를 책으로 만들겠다는 마음도 희미해졌을지도 몰라요.
그런데 삼십 대의 경험에서 깨달은 건 실력도 중요하지만

기회가 왔을 때 잘 잡는 것도 중요하다는 거예요. 사회적 성과는 공부랑 좀 달라서, 열심히 한 만큼 그때그때 또박또박 상응하는 결과를 보장해 주지는 않더라고요. 기회가 왔을 때 '실력을 좀 쌓고 나서……' 하는 순간 기회는 날아가요. 그래서 저는 기회가 오면 무조건 잡습니다. 사십 대의 저는 열정은 넘쳤으나 가진 건 별로 없었던 이십 대의 내가 아니기도 하고요. 원고가 제 손에 있는 그 순간이 출판사를 차릴 좋은 기회였죠.

제 사고 회로에는 '다 사람이 하는 일이다. 나는 사람이다. 그러므로 나도 할 수 있다.'와 같은 삼단논법이 있어요. 또 영혼의 경쟁자 김영수 씨를 세워 두고 자신 없는 기회 앞에서 '내가 안 하면 김영수 씨가 하겠지. 김영수 씨도 하는데 나라고 못 하겠어? 나에게 온 기회는 내 것' 이러면서 일단 잡아요. 그리고 김영수 씨보다 잘하고 싶으니까 '되게 하는 에너지'를 쏟아붓죠.

그 과정을 곁에서 지켜볼 수 있어 영광이에요. 폭발적인 에너지로 전진하는 모습이 마치 전사 같았어요. '출판 아무나 하는 거 아니구나' 하고 공경하게 되었죠.

출판업을 전혀 모르는 채로 뛰어들었어요. 어느 정도였냐면,

원고를 한글파일로 넘기면 인쇄소에서 책이 되어 나오는 줄로
알았죠. (웃음)

일단 사업자 등록을 하고 만 이 년 동안 주경야독했어요.
시의적절하게 마포출판문화진흥센터 PLATFORM P에
입주하게 되어 도움을 많이 받았죠. 센터에서 열리는 교육을
닥치는 대로 듣고 나니 출판의 전 과정이 보이더라고요.
그다음 내가 할 수 있는 일과 할 수 없는 일을 나눴죠.
당시 김현호 센터장님께 멘토링도 요청했어요. 책을
만들어야겠는데 내가 할 수 없는 부분을 어떻게 하면
좋겠냐고 물으니, 센터장님은 편집자를 두고 과정을 지켜보며
배우라는 조언을 해 주셨어요. 편집자가 같이 작업하는
디자이너가 있을 테고, 디자이너가 인쇄를 맡기는 인쇄소가
있을 테니 수월할 거다. 그런데 그렇게 하지 않았어요.
출판에 대해 정말 모르기 때문에 휘둘려 갈 수 있겠다고
예상했거든요. 내가 만들고 싶은 책은 명료한데, 작업 과정이
원치 않는 방향으로 흘러갈 때 과연 내가 조율해 낼 수 있을까
겁도 났고요. 그래서 그냥 부딪쳤어요. 편집자 역할을 제가
맡고, 디자이너를 섭외했죠.

지름길 대신 정공법을 택하셨군요. 선택의 결과는 어땠나요?

일단, 힘들었다. (웃음) 디자이너와 함께 시행착오를 겪었죠.
디자이너께 영화감독처럼 디렉션을 했어요. 굉장히
구체적으로 많은 요청을 했고, 디자이너께서는 제 의견
대부분을 수용해 주셨고요. 그 결과 참담한 피드백을
받았습니다. PLATFORM P에 계시는 베테랑 편집자들께 보여
드렸더니 '단행본 같지 않다', '문집 같다'고 하시는 거예요.
정말 감사한, 솔직한 피드백이었죠. 그때는 펜과 종이를 들고
피드백 전부를 세세히 적어서 디자이너께 전달하는 수밖에
없었어요. 정말 모르니까. 피드백이 적힌 종이를 전달하면서
"죄송해요. 이 피드백 중에 어떤 말을 전달하고 어떤 말을 걸러
내야 하는지 모르겠어요. 그냥 단행본처럼 만들어 주세요."
했죠. 울면서.
무지해서 겪을 수 있었던 과정이죠. 한번 겪고 나니 디자인에
있어서 같은 실수는 하지 않게 되었고요. 두 번째 책도 같은
디자이너와 작업했는데 만족스러운 디자인이 나왔어요.
'디렉션을 하지 말자'는 지혜를 얻었으니 콘셉트를 전달하는
것 외에는 말을 아낄 수 있었죠.

체험 학습을 선호하시는군요.

체득해야 스스로를 설득할 수 있어요. 저는 (혼자서)
'진짜지식'과 '가짜지식'이라는 걸 구분하는데요. 경험을 통해
얻은 지식만 진짜지식으로 인정해요. 사람들이 이야기해 줘도
제가 경험한 것이 아니면 일단 가짜지식의 영역에 두고요.
경험한 것만 옳다고 여기는 것은 아니고, 직접 해 보고 깨달은
것이 더 명료하니까 판단의 근거로 선호하는 것 같아요.
그러다 보니 무리해서라도 경험을 통해 데이터를 쌓는 방법을
선택하는 편입니다.

첫 책 인쇄 과정에서 백색 모조지를 선택했어요. 삽화가
들어가는 책이라 그림 발색이 잘 되려면 백색이 낫겠다고
판단했죠. 백색 모조지는 뒤비침이 있을 거라는 디자이너님의
말에 종이를 좀 두꺼운 100g짜리로 썼어요. 물론 가제본을 해
봤지만, 그건 디지털 인쇄라 실제로 옵셋 인쇄에서는 어떨지
알 수 없었어요. 출간 후 뒤비침 때문에 아쉬움이 있었는데,
좋은 기회로 참여한 한 인쇄 워크숍에서 미색 모조지로
책을 다시 만들어 볼 수 있었어요. 발색의 차이는 있었지만
뒤비침도 덜하고 색감도 안정적이더라고요. 덕분에 두 개의
진짜지식이 생겼죠.

온라인 서점 이벤트를 하면서도 에피소드가 있어요. 서점에

책과 함께 굿즈를 넣어야 하는데 알라딘 MD께서 제가
넣을 굿즈의 개수를 듣더니 '구매자의 평균 60%가 굿즈를
구매한다'며 예상 수량을 잘 정하라고 하셨어요. 경험이 많고
노련한 분의 말이니 잘 새겨들었어야 했는데, '그래도 한번
겪어 봐야지' 하고는 처음 계획했던 수량으로 제작했죠.
결과는, MD님 말씀이 아주 맞았다. (웃음) 반품이 많이
들어왔죠. 그래도 겪어 봤으니 앞으로는 '사은품을 안 하는
선택'을 더 잘할 것이고, 망설임 없이 열네 개(!)를 선택할 수도
있겠죠. 남들이 열 개도 아니고 열다섯 개도 아니고, 열네 개가
뭐냐 한다 해도 제 스스로는 명쾌하죠. 그럼 됐어요.
모호한 상태로 결정을 내리는 것은 어려워요. 저는 경험이
없는 것은 다 모호한데 누군가의 조언으로 어떤 선택을
했다면 언젠가 한번은 제 뜻대로 할 것이고 반드시
시행착오를 겪을 겁니다. 그러니 저에게는 초반에 시행착오를
겪는 게 가장 유리해요.

『어쩌면 너의 이야기』는 진짜지식으로 만들어진 귀한 혹은 비싼
결과물이네요. '얼마나 팔렸나요?' 하는 속세의 질문을 내뱉고
싶지만 참을게요.

판매량은 뒤로하고 동화에세이라는 새로운 장르가 독자와

어떻게 교감하는지를 볼 수 있었던 것이 값지죠. 많은 독자가 '내 이야기 같다'고 하셨어요. 화자를 이해하는 것을 넘어 나와 동일시하게 되는 특별한 공감의 지점이 있었던 거죠. 여섯 명의 저자, 각기 다른 여섯 개의 이야기를 담은 것도 독자에게 다층적으로 다가가는 데 한몫했다고 생각되고요. 동화에세이 장르에 대한 확신을 얻은 것으로 만족해요.

판매량에 대해서는 '유명한 사람이 쓴 책이 팔린다'고들 하죠. 우리 엄마도 아는 유명함이요. 그런데 유명한 작가가 작은 출판사에서 책을 낼 가능성은? 글쎄요. 그래서 기획을 좀 더 잘하자, 작가를 더 키우자는 결론에 도달했죠. 내가 할 수 있는 일을 더 잘해 보려고요. 만들고 싶은 책은 만들어 봤으니 이제 독자가 읽고 싶은 책, 필요로 하는 책에 대해 고민하고 있어요.

너무나 미래지향적인 결론이에요. 출판사 핌의 미래를 기대하지 않을 수 없네요.
첫 책인 『어쩌면 너의 이야기』가 출판사 핌의 미래에 기여한 바가 있다면요?

『어쩌면 너의 이야기』는 출판사 핌의 정체성이에요. 동화에세이라는 장르를 만들었는데 세상에는 아무런 변화가 없더라고요. 영향이 없었다는 게 아니라 새로운 시도에 누구도

딴지를 걸지 않는다는 걸 체감했죠. 『어쩌면 너의 이야기』를 통해 내가 만들고 싶은 책이 기존의 어떤 범주에 속할지 고민하지 않아도 괜찮다는 걸 알게 되었어요. 그래서 두 번째 책은 '아제세이(아저씨+에세이)', 세 번째 책은 '어린이 말 줍줍 에세이'예요. 첫 책 덕분에 내가 손에 쥔 원고에 딱 맞는 장르를 새롭게 만드는 시도를 자유롭게 해 나가고 있어요.

출판사 핌의 시작이 동화에세이 장르를 지속하기 위함이었기 때문에 2022년에 남성 작가들의 동화에세이 『그러면서 크는 거라고 쉽게 말하지』와 2023년에 구본순 작가의 동화에세이 『지수』도 출간할 수 있었고요.

앞으로도 다양한 분들과 동화에세이 작업을 이어 가려고요. 출판사 핌의 시그니처 장르이니 잘 지키고 발전시킬 생각이에요. 문학 분야에서 동화에세이 장르 연구에 대한 논문이 나오는 그날까지요. 그날이 오겠죠?

D,D 작가 중 일인으로서 우리 책이 출판사 핌에 큰 역할을
했다니 감격스럽습니다.
출판 경력이 없는 대표의 신생 일인 출판사에서 만 이 년
동안 다섯 권의 책이 나왔어요. 보통의 에너지로는 불가능한
일이에요.

만들고 싶은 책들이 계속 마음에 솟아나요. 책의 모양이
갖춰질 때의 뿌듯함도 크고, 만드는 과정에서 진짜지식을 얻는
쾌감도 무시하지 못하고요. 이 마음이 변하지 않는 한 지치지
않을 거예요.
시기가 잘 맞아서 한 해에 네 권의 책을 기획했지만,
동화에세이는 시간을 충분히 들여야 하는 프로젝트예요.
작가를 발굴하고, 이야기를 가공하고, 원고를 완성하는 전
과정에 제가 있죠. 초보 작가의 반짝이는 강점을 발견하면
그냥 지나치기 어려워요. 아마 제가 작가로서 글쓰기 수업을
오래 해서인가 봐요. 가공하면 보석이 될 것이 보이는데,
누군가가 해야 할 일이라면 제가 해야죠. 잘할 수 있는
일이기도 하고요.
『어쩌면 너의 이야기』 띠지에 "진실한 이야기는 언제나
아름답습니다."라고 적어 넣었어요. 저는 이 말을 믿어요.

출판사명 **출판사 핌**

출판사 등록일 **2020년 10월 6일**

대표 **맹수현**

첫 책 **어쩌면 너의 이야기**

분류 **국내도서>시/에세이>나라별 에세이>한국에세이(교**

　　보문고)

　　국내도서>에세이>감성/가족 에세이(예스24)

　　국내도서>에세이>한국에세이(알라딘)

제작기간 **2년 4개월**

발행일 **2021년 8월 10일**

"진실한 이야기는 언제나 아름답습니다."

배우 송선미를 비롯한 여섯 명의 여성 작가 그룹 D,D의 첫 번째 동화에세이. 작가 자신의 진솔한 이야기를 동화로 재구성하였다. 작가들이 직접 글과 그림 작업을 했다.
동화에세이라는 새로운 장르의 시작을 여는 책으로 출판사 핌의 동화에세이 시리즈 중 첫 번째 작품집이다.

[작품 소개]
1. 아리코 _ 글 송선미 (그림 고아리)
   아리코 왕국에 사는 공주와 왕자는 딸 리코를 낳고 행복한 나날을 보낸다.
   어느 날, 왕자는 대두나라 여왕의 초대로 왕국을 떠났다가 다시는 돌아오지 못한다.
   공주는 리코를 앞에 두고 어떻게 살아야 할지 막막하기만 하다.
2. 뺨풍선 _ 글·그림 오달빛
   매일 밤 거대한 눈에게 시달리는 나는 아빠 앞에서도 늘 주늪이 든다.

소란을 피웠다가 아빠에게 뺨을 맞은 후, 뺨이 계속 부풀어 오르는데…….

3. 지수의 풍경 _ 글·그림 구본순

어린 시절 동생을 잃은 지수는 엄마 앞에서 좋은 딸이 되기 위해 노력한다.

4. 최고의 하루 _ 글 송현정 (그림 박재용)

혼자서도 충분히 행복한 개구리.

개구리의 우물에 불청객 두더지가 오면서 평화로운 일상에 균열이 생긴다.

5. 거북이가 되고 싶은 아이 _ 글·그림 권현실

2년 차 교사인 나는 학교 최고의 골칫덩어리 기찬이의 담임 이 된다.

6. 나는 하늘을 날고 싶었어. 그래서 날아올랐지 _ 글·그림 조은경

하늘을 날고 싶어서 날아올랐다. 그런데?

필명 맹현, 작가, 출판사 핌 대표.

문예창작과 재학 시절, 휴학을 진지하게 고민하던 어느 날 나를 말리러 온 동기의 뒷모습을 보며 아무 이유도 없이 '사십 대가 되면 나는 출판사를 차리겠구나.' 생각했다.

예쁘고 사랑스러운 자식들을 피해 작업할 공간이 필요해 마포출판문화진흥센터 PLATFORM P에 창작자로 입주했다가 자연스럽게 출판사를 차렸다. 왠지 이곳에서는 잘 해낼 수 있을 것 같았다.

동화에세이, 아제세이, 말 줍줍 에세이 같은 새로운 장르를 만드는 일에 재미를 느끼는데 돌이켜 보니 기획과 편집도 창작처럼 하고 있었다. 창작자와 편집자 사이에서 균형을 맞추며 시간을 잘 쪼개고 사는 것이 목표다.

물도깨비
서서재

『우리가 바다에 버린 모든 것』

바다 환경문제
전문
한바랄

'당신이 (어떤 방식으로든) 바다를 사랑하고 있다면 이 책을 주의하시오.'

　『우리가 바다에 버린 모든 것』에 붙여 두고 싶은 경고다. 이 책의 저자 마이클 스타코위치Michael Stachowitsch는 어찌나 자상한지, 해변에서 발견한 쓰레기를 하나하나 사진에 담고 그렇게 모인 사진 육백오십 장에 빠짐없이 친절한 주석을 달아 열다섯 가지 유형으로 분류한 후 책으로 엮었다.

　저자는 '맨발을 호시탐탐 노리는' 깨진 병 조각, 풍화되어 '면도날처럼 날카로운' 단면의 알루미늄 캔, '물살이[1]'의 입을 잘 꿰는 것처럼 사람들의 발을 날카롭게 파고드는' 낚싯바늘이 선명하게 찍힌 사진을 들이밀어 나의 보드라운 모래사장을, '맨

1

물살이: 한바랄은 어류 동물을 죽어 있는 식량 자원으로 보는 관점에
반대하여 『우리가 바다에 버린 모든 것』에서 '물고기'라는 말 대신 '물에 사는
존재'라는 뜻으로 '물살이'라는 표현을 사용하였다.

발로 해변을 거니는 행복'을 깡그리 빼앗았다. 그러고는 해변
쓰레기로는 전혀 어울리지 않는, 모래사장 위에 버려진 **TV** 사
진에 대고 '전자기기가 버려진 쓰레기 더미는 흔치 않기 때문
에, 드넓은 해변에서 만남의 장소가 되곤 한다'는 시답잖은 농
이나 던지는 것이다! 괘씸했다.

그런데도 이 책이 독자를 해변 청소 현장으로 끌어내기
위해 어찌나 치밀하게 구성되어 있던지 나는 그의 이야기에
현혹되어 화내는 것도 잊고 그저 당장 쓰레기 봉지를 챙겨 들
고 해변으로 떠날 수 없음에 애가 탔다. '알록달록한 조개껍데
기 같은 것을 주워 볼 요량'으로나 바다를 찾는 주제에 말이다.
그에게 제대로 당한 기분이다.

저자를 만나러 오스트리아로 갈 수는 없는 노릇이니 이
책을 번역 출판한 한바랄 출판사의 물도깨비, 서서재 공동대표
를 만나 따져 물었다. 이 책을 출간한 속셈이 뭐냐고, 내 아름다
운 바다를 돌려 내라고. 생떼를 부리는 나를 두고 물도깨비는
의미심장한 웃음을 보이며 말했다. "정확히 이걸 의도했다."라
고. 바다의 실상을 드러내 아름답게만 보아 왔던 바다를 이전
과 같은 눈으로 볼 수 없도록 하는 것이 목적이었다니, 하! 이

둘도 책의 저자 못지않게 고약하다. '출판은 수단일 뿐, 한바랄의 진짜 목적은 환경 운동'이라고 했을 때 알아봤어야 했나.

이렇게 삐뚤어진 마음으로 듣기 시작한 친환경 출판기는 흥미롭다기보다 엄숙함에 가까워 나는 금세 공손해졌다. 이들의 출판 과정을 훈계로 듣고 한참을 반성하며 작아지다가 '친환경에 대해 공부하며 출판 과정에 적용할 수 있는 부분은 타협하지 않고 모두 선택했다'는 대목에서 '나란 인간은 생각 없이 지구에 쓰레기나 얹는 존재일 뿐인가!' 하는 뜨끔함에 참담해졌노라 실토하기도 했다. 둘은 나의 고백에 매우 기뻐하며 그 뜨끔함이 환경 사랑의 싹이 돋아나는 소리로 들린다고, 곧 예쁜 꽃을 피우게 될 거라고 다정히 응원해 주었다. 어느새 나는 그들과 함께 바다를 걱정하고 내가 밟는 땅을 염려하다 지구 환경의 미래를 고민하고 있었다.

자발적으로 친환경 출판의 길을 나선 이 둘이 수완 있는 출판인인지는 모르겠으나, 노련한 환경 운동가임은 분명해졌다.

『우리가 바다에 버린 모든 것』을 소개해 주세요.

서서재 ___ 해양 생물학자 마이클 스타코위치Michael
Stachowitsch가 해변 쓰레기를 기록한 책이에요. 저자는
바다거북을 연구하며 전 세계의 해변을 다니는데, 해변에
거북은 없고 쓰레기만 많은 현실을 알리기 위해 쓰레기
사진을 찍었어요. 이 책에는 육백오십 장의 해변 쓰레기
사진이 열다섯 가지 유형으로 구분되어 상세한 설명과 함께
담겨 있어요.

물도깨비 ___ 해변 쓰레기를 주제로 한 국내 도서 중 가장
두껍고 정보량이 많은 책이에요. 그렇지만 사진이 많아서 쉽게
읽을 수 있을 거예요.

책 표지도 인상적이에요.

물도깨비 ___ 제주도 구좌 해변에서 저희가 직접 주워 분류한
쓰레기 사진을 사용했어요. 겨울 무렵이면 구좌 일대
방파제로 쓰레기가 몰려들어요. 그곳에 가면 이 책에 나온
모든 쓰레기를 볼 수 있을 정도예요. 책의 내용을 한 장으로
표현하는 사진이라고 생각해서 표지로 쓰게 됐죠.

믿고 싶지 않네요. 이 책은 바다를 바라보는 저의 시점을 완전히 바꾸어 놓았어요. 제게는 아름답기만 한 바다의 이미지를 조곤조곤 깨뜨리는 사진들이 야속할 정도였어요. 이 책을 출판한 의도는 대체 무엇인가요?

물도깨비 정확히 그걸 의도한 책이에요. (웃음) 저는 바다를 사랑하는 사람이에요. 도시인이 흔히 그리는 찬란하고 반짝이는 바다가 좋았고 우리나라의 모든 바다를 눈에 담고 싶었어요. 대학을 졸업하기 전에 동해, 서해, 남해와 제주해까지 대한민국의 모든 해안선을 밟는 것이 제 목표예요. 그러다 통영 동암항인 것으로 기억하는데, 해 뜰 무렵 도착한 해변에서 역한 냄새를 맡았어요. 가까이 다가가 보니 갯벌이 어선에서 나온 기름에 뒤덮여 통째로 썩어 있었어요. 거기에 온갖 쓰레기 파편들이 섞여 지독한 악취를 풍기고 있던 거예요. 바다의 실상을 본 거죠.
내가 사랑해 온 바다와는 거리가 멀지만, 이것도 바다라는 것을 받아들였어요. 그리고 세상에 알려야겠다고 생각했죠. 대학 언론에 이에 대한 기사를 쓰기 시작했는데, 그때 문제에 봉착했어요. 국내 자료로는 원하는 정보를 찾을 수 없어서 바다 쓰레기 문제에 관한 정보를 얻기 위해 해외 문헌을 들여다봐야 했어요. 백 쪽이 넘는 ALDFG[2]에 관한 보고서를

ALDFG: Abandoned, lost or otherwise discarded fishing gear의 약어이다.
UNEP(유엔환경계획)와 FAO(유엔식량농업기구)가 정의한 폐어구로
방치되거나 분실 또는 폐기된 어구를 뜻한다.

낑낑대고 읽으며 기사를 완성하고 나니 바다 쓰레기에 대한
한국어 문헌의 필요성이 절실해졌어요. 제 생각을 SNS에
지속적으로 올렸고, 서서재 번역가님이 서의 글을 보신
거예요.

서서재　저도 평소 환경문제에 관심이 있다 보니 물도깨비
님의 피드에 닿았을 거예요. 이분이 요청한 정보를 찾다가 이
책의 원서인 『The Beachcomber's Guide to Marine
Debris』를 알게 됐어요. 책 11장의 주제가 (폐)어구인데,
어업이 해양 쓰레기 문제에 끼치는 영향에 대해 다루고
있어 물도깨비 님의 활동에 도움이 되겠다는 생각에 조금씩
번역해서 보내 드렸어요. 그런데 총 16장으로 이루어진 책
중 한 챕터만 번역하기에 개인적인 아쉬움이 남더라고요.
책 전체를 번역하고 싶다는 욕심이 생겨 판권을 알아봤죠.
번역가의 신분으로는 판권을 살 수 없다기에 본격적으로
출판사를 세우고 판권 계약을 했어요.

한바랄을 소개하는 문구에 출판사의 정체성이 뚜렷하게 담겨 있어요.

물도깨비 한바랄은 '바다 환경문제 전문 출판사'예요. 출판사를 설립하기로 하고 해양 환경과 관련된 국내 문헌을 싹 긁어모았어요. 우리나라 해양 환경문제를 해결하기 위해 무엇이 필요한지 파악하려고요. 이 작업은 지금도 진행 중이에요. 출판이 환경 운동의 수단이라는 생각이 확고해요.

서서재 출판사 설립보다 바다 환경문제를 이야기하고 싶은 마음이 우선이에요. 이 문제를 어떻게, 무엇으로 다루면 좋을지 고민한 결론이 책이고요. 저희 둘 다 책을 좋아하거든요. 읽는 책보다 사는 책이 더 많은 북호더(book hoarder, '책'을 의미하는 book과 '물건을 버리지 못하고 모아 두는 사람', '축적가'라는 뜻인 hoarder의 조어. 책을 구입한 뒤 쌓아 두기만 하고 읽지 않는 사람을 뜻함)예요. (웃음) 마침 저는 번역을 할 줄 알고, 물도깨비 님은 대학 교지에서 편집을 한 이력이 있으니 시도해 볼 만하다고 생각했죠.

환경 운동가이자 애서가의 입장에서는 마땅한 선택이었겠다는 생각이 드네요.
첫 책을 출간하며 거는 기대도 남달랐을 것 같아요.

<u>서서재</u>　책등이 두꺼우면 서점의 서가에 꽂혔을 때 독자의 눈에 더 잘 띌 것이고, 사거나 읽지 않더라도 제목과 두께만으로 책의 의도를 전달할 수 있을 거라고 생각했어요. 그래서 처음에는 이 책을 A6 판형(105*148)으로 지금보다 더 두껍게 제작하려고 했어요. 그런데 내지로 100% 고지율의 재생지를 선택하고 나니 종이 결이 맞지 않아 원하는 사이즈로 제작할 수 없었어요. 최종적으로 책은 B6 판형(128*188)이 되었고요. 크기는 처음 계획과 달라졌지만 기대했던 대로 제목을 보고 책을 꺼내 든 분들이 '구매하지 못했지만 불편함을 안고 간다'는 후기를 남겨 주셨어요.

<u>물도깨비</u>　이 책이 전문가 집단의 지식을 대중에게 전달하는 역할을 해 줄 거라 기대했어요. 바다 환경문제에 대해 쉽게 접할 수 있는 정보가 존재해야 어떻게든 이 문제에 대한 담론을 이어 갈 수 있을 테니까요.

그런 취지라니, 환경 운동가들에게 반가운 책이겠어요.

서서재 SNS에 출판 과정을 꾸준히 올렸고 그걸 지켜본
분들이 각지에서 반응해 주셨어요. 제주 북페어 현장에서
해양 정화 활동을 하는 다이버들을 만났는데 '책이 나오기를
기다리고 있었다'고 하셨어요. 바다 환경보호 활동 현장에서
저희를 눈여겨본 분들도 격려해 주셨고요. 환경 전문 기자께서
'책 만드느라 고생 많았다'고 하시는데 '이 책이 한바랄만의
작품이 아니구나!' 하는 생각이 들더라고요.

든든한 지원군을 두셨네요!
첫 책을 만드는 일은 어떠셨어요?

서서재 출판은 익숙지 않고, 조언을 구할 곳은 없었어요.
과정마다 일일이 웹 검색을 하고 직접 전화를 돌리며 정보를
얻었어요. 책공방 출판사의 김진섭 대표님께서 책을 만들려면
레퍼런스 도서가 많아야 한다고 말씀하셔서 판형, 폰트,
내지에 참고할 책들을 사 모으는 데 아끼지 않고 투자했어요.
물도깨비 잘한 선택이었던 것 같아요. 참조 도서를 가지고
심사숙고한 후 결정했기 때문에 가제본 횟수를 줄일 수
있었어요. 덕분에 잉크며 종이 낭비를 최소화하지 않았나

싶어요.

서서재 번역가로서의 일 외에도 출판의 모든 과정을
병행해야 했어요. 책 디자인을 하며 출판사 로고도 만들고,
틈틈이 출판 관련 수업도 듣고요. 환경에 부끄럽지 않은
제작을 고민하며 친환경에 대해서도 공부했어요.
출판 관계자께 친환경 제작에 대해 조언을 구하기는
어렵더라고요. 출판인들이 모인 오픈 채팅방에 재생지에
대해 물었더니 '왜 똥종이로 책을 만들려고 하느냐'는 답이
돌아왔죠. '똥종이'라는 표현은 재생지는 품질이 낮다는
편견에서 나온 발언이라고 생각해요. 예전에는 재생지에
대해 빛깔이 어둡거나 결이 좋지 않고 티끌이 많다는
등의 오해가 많았고, 그래서 재생지에 책을 인쇄하는 것을
주저했다고 하니까요. 물론 오늘날 생산되는 재생지의 품질은
훨씬 좋아졌죠. 그럼에도 재생지를 '똥종이'라고 인식하며
쓰려는 시도조차 하지 않거나 재생지에 관해 질문하는 동료
출판사의 노력을 무의미한 것으로 폄훼한 것은 지금 생각해도
무척 아쉬운 대목이 아닐 수 없습니다. 덕분에 오기가 생겨
추진력을 얻을 수 있었지만요. (웃음)

재생지 사용에 있어서는 소신이 분명하셨군요?

서서재 환경 운동의 일환으로 출판을 하는 입장이라 고려할 부분이 굉장히 많았어요. 저희 출판사 체급에서 할 수 있는 선택 중 하나가 고지율 100%의 재생지를 쓰는 거였고요. 가령 폐지가 40% 이상 들어간 종이이면 '재생지'라 불리며 쓰이고 있지만 나머지 60%가 그렇지 않은데 재생지라 부를 수 있는가 하는 의문이 들었죠. 책을 만들던 당시 제주에서 비자림로 확장을 목적으로 비자나무 숲을 기습 벌목하는 일이 일어났어요. 저희는 현장에서 주검이 되어 쌓여 있는 나무들을 봤고요. 같은 시기에 '숲에서 나오는 양분이 연안 해역과 생태계를 먹여 살린다'는 내용의 책도 읽고 있었기에 나무를 베어 책을 만들지는 말자는 생각을 굳히게 됐죠. 환경에 떳떳할 수 있는 선택을 하고자 했어요.

환경을 보호하며 무언가를 생산하는 일이 과연 가능할까요?

물도깨비 글쎄요, 완벽한 답은 없는 것 같아요. 환경에 무해한 '친환경 제작'은 없을 거예요. 환경에 해를 덜 끼치는 방법 중에 내 생각과 맞는 선택을 해 나갈 뿐이죠.

친환경에 대해 공부하며 출판 과정에 적용할 수 있는 부분은 타협하지 않고 모두 선택했어요. 콩기름 잉크를 사용하고, 표지에 코팅과 박을 하지 않고, 띠지도 두르지 않았어요. 배본사 계약을 할 때도 비닐 테이프를 사용하지 않고 옥수수 전분 충전재를 쓰는 업체를 선택했고요.

서서재 띠지에 관해 물도깨비 님과 오랜 논쟁을 했어요. 처음에 저는 책이 눈에 띄고 예뻐질 수 있으려면 디자인 요소로서 띠지가 필요하다는 생각을 가지고 있었죠. 하지만 결국엔 재생지를 사용하고 생분해되는 소재를 쓴다 하더라도 책을 구입한 이후에 바로 버려진다면 친환경이라 할 수 없다는 물도깨비 님의 철학을 따르게 되었어요. 앞으로 한바랄이 만드는 책에 띠지를 두르게 된다면 그 안에 지도를 그리든 정보를 넣든 휴지통으로 가지 않게 만드는 조건을 갖춰야 할 거예요. 완벽한 친환경은 없어도 완벽한 반反환경 선택지는 있으니까, 적어도 '반환경을 선택하지 않는 것'은 고수해야죠.

친환경 출판의 선구자이시네요.

물도깨비 선구자라 하시니 책공장더불어의 김보경 대표님 이야기를 하지 않을 수 없네요. 십수 년 전부터 재생지로 책을 만드는 과정을 블로그에 상세히 기록해 두셨더라고요. 재생지 수급에 고군분투하고, 재생지 인쇄를 꺼리는 인쇄소와의 갈등을 조율하며 남긴 선례를 보고 저희는 또 다른 선택지를 물색해 볼 수 있었죠. 출판 과정에서 난관에 부딪혔을 때도 '하려면 할 수 있다'고 마음을 다잡을 수 있었고요. 이분이 길을 닦아 놓은 덕분에 저희도 친환경 출판이라는 과업을 완수할 수 있었어요.

서서재 쉽지는 않았어요. 처음이기도 하고 일반적인 선택도 아니니까요. 고지율 100%의 재생지를 구하는 것에 성공해 마음을 놓고 있었는데, 구매한 종이 사이즈와 인쇄소에서 입고 요청한 사이즈가 달랐어요. 제지사는 재단해 주지 않는다고 하고요. 주말에 문 닫은 을지로 인쇄 골목을 뛰어다니며 재단소를 섭외해 종이를 재단하고 인쇄소로 넘겨야 했죠.

친환경은 번거롭고 비용도 많이 든다는 인식이 있어요. 한바탕의 출판 과정을 듣다 보니 정말 그렇구나 싶어요.

서서재 국내에는 단행본용으로 제작된 고지율 100%의 재생지가 없어요. 저희도 이동에 따른 탄소 배출을 염려했지만 대안을 찾지 못해 수입지(센토Cento)를 사용해야 했고요. 일반 용지에 비해 수급이 어렵고 가격도 비싼 것이 사실이죠.

그렇지만 국제적으로 제지 가격이 급등하고 있는 것에 비해 재생지 가격은 둔하게 반응하고 있어요. 만약 국내에 수입 재생지를 대체할 수 있는 선택지가 생긴다면 장기적으로는 재생지의 경제성이 높아질 거라고 생각해요. 그래서 '친환경 출판 라운드테이블'을 열어 보려고요. 친환경 출판에 대한 정보도 공유하고, 재생지에 대한 출판사의 수요가 있다는 것도 가시화하고요. 수요를 드러내면 국내 제조사에서도 단행본용 재생지 생산에 비중을 두게 될 거고, 그렇게 되면 저희도 좀 더 쉽게 다양한 선택을 할 수 있게 되겠죠.

물도깨비 뜻이 분명하니 할 일이 무한하더라고요.

이산화탄소 배출량을 줄이기 위해 비행기 대신 배를 타고 제주 북페어에 다녀왔다는 게시글도 봤어요. 독자에게 한바랄의 취지를 각인하기에 충분한 에피소드라고 생각해요.

물도깨비 처음에는 홍보에 대한 고민이 많았어요. 그런데 자연스럽게 마케팅을 하지 않게 되었어요. 여력이 없어서요. 당장 바다로 나가 해안 정화 활동을 해야 하고, 환경보호 캠페인에 필요한 자료도 보급해야 했거든요. 책을 홍보할 기회가 생기면 바다에서 수거한 쓰레기를 들고 나가 책과 함께 전시하고요. 책 속 사진으로 해양 쓰레기의 심각성이

와닿지 않는다면 실물을 보여 드려야죠. 이렇게 저희에게
시급한 활동을 하다 보니 마케팅이 따로 필요 없더라고요.
적극적으로 활동하다 보면 연유를 묻는 분들이 계시고
자연스럽게 저희 출판사를 알릴 기회로 이어져요.

서서재___책이 판매되는 것 외에도 책을 계기로 생각지도
못한 기회들이 생겨나고 있어요. 강연 섭외가 들어오기도
하고, 최근에는 비영리 공익 방송인 마포FM에서 바다 환경
이야기를 하는 코너를 기획해 보자는 제안을 받아서 〈아가미
적시기_바다로 돌아가는 도시인의 첫걸음〉이라는 프로그램을
진행하고 있어요. 감사한 일이죠.

**책으로 만든 마당 위에서 다양한 활동을 펼치고 계시군요!
잠시 멈춰서 뒤를 돌아보면, 아쉬움이 남는 부분은 없나요?**

서서재___PUR^Poly Urethane Reactive 제본을 하고 싶었어요.
환경에 부담이 덜 되는 친환경 본드이기도 하고 일반 무선
제본을 할 때 사용하는 EVA^Ethylene-Vinyl Acetate 본드에
비해 책이 잘 펼쳐진다는 장점도 있거든요. 그런데 '재생지
인쇄를 하면서 콩기름 잉크를 사용하고 PUR 제본도 하는'
제작 업체를 찾지 못했어요. 결국 일반 무선 제본을 하게 됐고,
내지 안쪽 여백을 충분히 주었다고 생각하는데도 제 눈에는

책을 펼쳤을 때 글씨가 말려 들어가는 것 같아 좀 아쉬워요. 무엇보다 아쉬운 부분은 정가예요. 원가에 인건비까지 감안하면 너무 낮게 책정된 가격이거든요. 비슷한 사양의 책들을 참고해서 가격을 매겨 보니 이 책의 가격은 삼사만 원을 상회했어요. 그렇게 비싼 가격의 책을 선뜻 살 사람은 없을 것 같았고, 금액 때문에 이 책이 널리 퍼지지 못하게 될까 주저한 끝에 결정한 가격이 20,000원이에요.

물도깨비 중쇄를 한다면 현실적으로 재정가가 필요한 상황입니다.

서서재 다시 가격을 매긴다면 책이 팔렸을 때 나 자신에게 응원이 될 수 있는, 그래서 계속할 힘을 얻을 수 있는 가격으로 책정해야겠다고 생각했어요.

물도깨비 그 가격은 얼마인가요? (웃음)

서서재 원가에 포함하지 못한 저의 인건비를 반영하고, 수익을 내고자 한다면 35,000원은 돼야겠죠. 그런데 이 비용을 지불하고 책을 구매할 독자가 있을까…… 제가 희망하는 금액과 독자가 지불할 거라 예상되는 최대 비용의 평균이 이 책의 가격이 될 듯합니다.[3]

3
『우리가 바다에 버린 모든 것』은 2023년 세종도서로 선정, 2024년 4월 9일 개정판을 출간했다. 개정판은 리커버 에디션으로 가격은 34,000원으로 조정하였다.

어서 중쇄를 찍어서 책이 팔릴 때마다 응원이 되기를 바랍니다. 쉽지만은 않은 친환경 출판의 길을 계속 걸을 수 있는 원동력은 무엇일까요?

서서재 환경문제를 살펴보면 시급한 현안들이 정말 많아요. 문제 해결을 위해 적극적으로 활동하는 분들을 만나면 마음이 무거워지죠. 저희도 열심히 해서 보탬이 되어야겠다는 사명감의 무게인 듯해요. 이것이 한바랄을 지속하게 하는 힘이에요.

한편으로는 이 일이 되게 재미있어요. 가족들에게 출판 일은 돈이 되지 않는다는 점을 빼면 모든 면에서 완벽하다는 이야기를 자주 하거든요. (웃음) 제가 매듭짓지 못했다고 생각해 왔던 것들이 있어요. 책을 사 모으지만 읽지 않은 것, 철학과를 나왔지만 대학원에 가지 못한 것이요. 번역가가 되기 위해 오랜 훈련을 받았는데 정식으로 일해 보지 못하고 외서를 리뷰하는 전문 리뷰어로만 활동했죠. 스스로 경력이라고 인정하지 않았던 것들이 출판사를 차리고 나니 빠짐없이 쓰임이 있는 거예요. 제 모든 과거에 쓸모를 부여할 수 있는 지금이 정말 행복해요.

물도깨비 바다를 위해 할 수 있는 일을 고민하지만 한계에 부딪힐 때가 있어요. 대학 언론에서 짧은 해외 논문을 버겁게 번역하며 단편 기사를 써낼 때가 그랬죠. '이것이 내가 바다를 위해 할 수 있는 전부인가?' 하는 생각이 들 즈음 한바랄을 세우고 『우리가 바다에 버린 모든 것』을 내게 됐죠. 지금은 이 책을 가지고 글이 다 하지 못한 바다 쓰레기 이야기를 풀어내는 일을 하고 있고요. 새로운 책이 나오면 또 새로운 할 일이 생기겠죠. 책으로 만든 이 보금자리가 제 활동의 바탕이 되어 주고 있어요.

바다 환경문제 전문
한바랄•『우리가 바다에 버린 모든 것』

출판사 & 도서 정보

출판사명 **한바랄**

출판사 등록일 **2022년 3월 2일**

대표 **이채환, 서재훈**

첫 책 **우리가 바다에 버린 모든 것**

분류 **국내도서〉정치/사회〉사회문제/복지〉사회문제〉환경**

　　　문제(교보문고)

　　　국내도서〉사회 정치〉생태/환경〉생태/환경 일반(예스

　　　24)

　　　국내도서〉사회과학〉환경/생태문제〉환경문제(알

　　　라딘)

제작기간 **1년 2개월**(번역 4개월, 제작 10개월)

발행일 **2023년 3월 20일**

바다거북을 연구하며 전 세계의 해변을 다니던 해양생물학자 마이클 스타코위치. 그가 이제는 해변에 거북은 없고 쓰레기만 가득한 현실을 알리기 위해 펜과 카메라를 들었다!

이 책에서 그는 튀르키예부터 과들루프, 대한민국, 그리고 남극에 이르기까지 다양한 지역의 해변 쓰레기를 기록하며 각각의 쓰레기가 담고 있는 이야기를 차근차근 풀어 나간다. 육백오십여 장의 방대한 해변 쓰레기 사진에 각각 적혀 있는 문장들을 읽다 보면 우리가 그동안 육지에서 쓰고 버린 모든 것이 해변에 매일같이 떠내려 오고 있다는 사실을 마주하게 될 것이다.

"우리 모두는 쓰레기를 만들어 내는 데에 일조하는 만큼 쓰레기를 줄이는 데에도 기여할 수 있다."(본문 67쪽)

이 책을 통해 해양 쓰레기 문제의 심각성을 알아보고 해변을 청소하러 떠나 보는 것은 어떨까?

물도깨비

동에 번쩍, 서에 번쩍, 바다를 한없이 떠도는 그야말로 물
도깨비. 도시의 삶을 살다가도 아가미를 적시기 위해 다
시 짠 물에 몸을 담가야만 하는 인생을 살고 있다. 홀로 바
다 청소를 하며 해양 생태계와 해양 환경문제를 고민하던
중 대학 독립언론사에서 활동하면서 본격적으로 해양 환
경문제를 알리기 시작했다. 현재 한바랄 출판사에서 활동
가로서 제2의 삶을 시작했으며, 바다의 이야기를 책으로
담는 일을 하고 있다.

서서재

단단한 언어의 힘을 믿는 번역가. 책을 가장 좋아했지만
점점 바다를 더 그리워하는 사람이 되어 가고 있다. 도시
에서는 잘 보이지 않는 바다의 환경문제를 드러내는 일
또한 착취를 가시화하는 소수자 운동의 일종이라고 생각
한다. 소비자를 넘어선 시민으로서 할 수 있는 일들과 해
야 할 일들을 찾아 모으는 중이다.

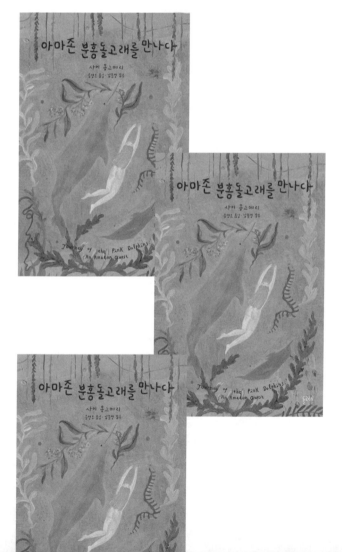

김희진

『아마존 분홍돌고래를 만나다』

인문학과
여성 서사에
진심
돌고래

동물 생태학자이자 탐험가 사이 몽고메리Sy Montgomery는 장 밋빛 고래의 존재를 찾아 '황홀한 낙원 아마존'으로 향한다. 그리고 분홍돌고래를 열망하며 자신의 몸을 미끼로 던진다. 피부 군데군데 물집을 만들 만큼 따가운 햇볕과 여덟 시간 동안 쉬지 않고 퍼붓는 비, 살을 뜯어 먹는 수백 마리의 개미와 피라냐, 흡혈메기……. 이 모든 것을 감수해 내는 여정의 원천을 사이 몽고메리의 연구심이라 치부하기에는 의아스러웠다.

아니나 다를까, 저자는 서문에서 이 책이 '지금까지 쓴 책 가운데 가장 정열적인 사랑 이야기'임을 고백한다. 사랑이라니, 무모해 보였던 모든 것이 이해되었다.

사이 몽고메리의 탐험을 따르던 중 나는 여러 번 그녀를 놓쳤다. 불시에 튀어나오는 낯선 학명을 마주하면 음절을 짚어 가며 읽느라 지체됐고, 출생지도 아마존에 온 목적도 다양한 인물들이 무시로 등장할 때면 낯을 익힐 시간도 필요했다. '잎사귀 끝이 뾰족하고 둘레가 폭스바겐만큼 널따란(브로멜리아드)' 식물을 지나 '거인의 활짝 펼친 손가락 같은 잎사귀를 매단 새 발 모양 콩과 식물(필로덴드론)'을 마주했을 때는 내 초라한 상상력을 한탄하며 휴대전화 검색창을 열어야 했다. 하지만 뒤처지더라도 그녀가 사랑에 빠진 세계를 온전히 이해하고 싶었다.

재미있게도 첫 책 출간기를 듣기 위해 만난 김희진 대표에게 출판사를 꾸려 가는 일에 관해 물었을 때 그녀 역시 사랑 이야기를 펼쳐 놓았다. 감히 말하자면 내가 들어 본 중 가장 성숙한 사랑 이야기였다. 출판사 돌고래가 본연의 생명력으로 성장해 나갈 것이라는 믿음, 그 생태를 속박하지 않겠다는 다짐이 그녀가 보통과는 차원이 다른 사랑에 빠졌음을 짐작하게 했다. 게다가 늘어놓은 고난이 무색하게 출판의 기쁨으로 점철되는 출판기는 영락없는 사랑의 증거였다.

지레 겁먹었던 이십여 년 경력의 베테랑 편집자와의 인터뷰가 달뜬 기분으로 마무리된 데도 사랑의 기운이 작용한 듯하다. 예상을 한참 빗나가는 김 대표의 답변에 당황해 얼굴이 달아올랐다가도 이내 깔깔대고 웃고, 오프 더 레코드를 소곤거

리다 정신을 차리고 보니 헤어질 시간이었다.

    인터뷰를 통해 출판사 돌고래에 대해 누구보다 많은 것을 알게 되었는데도, 돌고래의 모든 것이 궁금해졌다. 인간을 홀린다는 분홍돌고래의 설화가 출판사 돌고래에도 작용하는 것일까? '유혹당하고야 말 것'이라던 사이 몽고메리의 경고가 떠올랐지만, 앞으로 돌고래가 펴낼 작품을 따를 수 있다면 기꺼이 그러하겠노라 생각했다.

출판사 돌베개, 임프린트 반비를 거치며 이십 년의 경력을 쌓고 독립하셨어요. 독립을 결심한 계기가 궁금합니다.

많이들 궁금해하세요. 특히 편집자들은 실질적인 관심에서 물어보시는 것 같아요. 회사에서 살아남지 못하면 결국 독립해야 하니까요.

'언젠가 출판사를 차려야겠다는 확신이 들면 회사를 그만두게 되겠구나' 하는 막연한 생각을 꽤 오랫동안 해 왔고, 코로나가 터지면서 그 시기가 조금 빨리 왔어요. 근무한 회사가 나빴던 것도 아니고 함께 일했던 분들과도 굉장히 잘 맞았어요. 그럼에도 제 방식대로여야 할 수 있는 일이 있을 거라고 생각했어요.

제가 편집자로 일하는 이십여 년 동안 객관적으로 판단하는 것, 검증 가능한 데이터를 가지고 합리적인 선택을 하는 것을 꾸준히 훈련해 왔어요. 이 습관을 몸에 붙이기까지 정말 많은 노력을 했고, 이걸로 지금까지 살아남았으니 너무나 감사한 능력이죠. 하지만 객관화하는 훈련이 너무 잘되어 있다 보니 주관적 판단에 대한 믿음이 퇴화하고 있었던 거예요. 진짜 하고 싶은 것을 잊어버리고 그냥 잘하는 걸 하고 있는 내 모습이 보였어요. 지금부터 이십 년을 더 일한다고 했을 때, 이제는 성장의 시기를 지나 자연스럽게 노화하는 과정을

인문학과 여성 서사에 진심
돌고래°『아마존 분홍돌고래를 만나다』

준비해야 하는데 그때는 객관적 시각보다 내 몸에 각인된
데이터를 파악하고 느끼는 직관이 훨씬 중요하겠다는 생각이
들었어요.

큰 회사는 나름의 생리가 있기 때문에 그 안에서 제 마음대로
여러 가지 실험을 해 보기는 어려웠죠. 내 회사라면 이제껏 해
온 것과는 다르게 해 볼 수 있겠다는 생각에 회사를 차리게
되었어요.

이렇게 만들어진 출판사가 돌고래예요. 이름에 담긴 의미가
궁금해요.

퇴사 후 출판사를 차리는 것에 대해서는 아무 일도 하지
않았지만 조급하지 않았어요. 아이와 시간을 보내고 책도
읽고 이 사람 저 사람 만나고, 연락이 오는 일들에 발을 담갔다
뺐다 하면서 한 해를 지냈어요. 그해 여름쯤에 저희 집에 놀러
온 후배들이 '회사를 차린다고 그만두더니 놀고만 있느냐'며
'진짜 차리긴 할 거냐, 회사 이름은 정했냐'고 압력을 넣는
거예요. 그때 발끈해서 튀어나온 이름이 '돌고래'였어요.
당시 제 꿈에 돌고래가 많이 나왔어요. 돌고래가 지적이고
노는 것을 좋아하고 협업을 잘하고…… 이런 것은 알고
있었는데 제 꿈속에 등장한 돌고래는 생동감을 지닌, 오래되고

비밀스러운 지식을 알고 있는 생명체였어요. 질문을 듣는 순간
제 무의식에 있던 돌고래의 이미지가 떠올랐겠죠. 저는 이걸
'우뇌로 지은 이름'이라고 말해요. (웃음)

전에 '반비' 브랜드를 론칭할 때 뽑아 놓은 브랜드명 후보
목록을 아직도 가지고 있어요. 협의에 협의를 거치고 안
되는 이유를 나열하고, 정했던 이름이 엎어지고……. 이런
우여곡절을 겪으며 좌뇌로 이름을 지었거든요. 나중에는
'이름이 이렇게나 중요한가, 잘 팔리면 그 이름을 모두 기억할
텐데' 하는 생각까지 들더라고요. 이번에는 정반대로 한 거죠.
힘이 하나도 안 들어간 이름이에요.

그 자리에 냉철한 분들이 계셨기 때문에 돌고래라는 이름에
비판적일 거라고 생각했어요. 물론 '어린이책 출판사야?' 하는
반응이 없지는 않았지만 대체로 다 좋다고 해 주어서 안심이
되었어요. '돌고래 출판사'는 이미 있을 법한 이름이라는
의견도 많아서 확인을 해 보니 다행히 아직 없더라고요.
그래서 일단 출판사 등록을 하고 돌고래라는 이름을 선점했죠.
그 후로도 한참 동안 출판사를 진척시키는 일은 하지 않고
다른 일들을 하면서 잘 놀았어요.

이름을 정하는 시작부터 전과는 180도 달랐네요.

그렇게 차린 돌고래 출판사의 첫 책이『아마존 분홍돌고래를

만나다』인 것은 우연인가요?

우연이기도 하고 아니기도 해요. 출판사 이름을 돌고래라고

지을 때 당연히 이 책을 떠올렸어요. 제가 돌베개 출판사에

저작권 담당자로 있을 때 계약을 종료시킨 책이거든요. 이 책

원서의 개정판이 나오며 출판사도 바뀌었는데, 그 출판사에서

저희에게 선인세와 다름없는 재계약 비용을 요구했어요.

도저히 셈이 맞지 않았고 그때의 저는 절판이라는 합리적인

결정을 했죠. 그런데 막상 그렇게 합리적으로 절판을

시키고 나니 마음이 너무 좋지 않더라고요. 이 아름다운

책을 독자들이 읽을 수 없게 된 것이 안타까웠고 언젠가는

복간하리라 마음에 빚처럼 간직하고 있었어요.

그런데 사실 첫 책으로 기획한 것은 돌고래의 두 번째 책인

『돌봄과 작업』이에요. 이 책의 기획안은 제 머릿속에만

있었어요. 계획대로라면 제가 하고 있던 외주 작업을 2022년

3월까지 끝내고 5월부터는 우리 회사 일을 해야 하는데, 외주

작업들이 저와 무관한 이유로 계속 늘어지면서 5월이 온

거예요. 마케터와 편집자에게는 5월부터 같이 일하자고 진작

말씀드렸는데 이분들을 기다리게 할 수는 없었고요. 일은

없지만 우선 출근부터 하시라 하고(사실 그 전부터 주 이삼 일
정도 출근은 하고 계셨지요.) 저는 외주 일을 마무리했어요.
6월 말이 되어서야 머릿속에서 『돌봄과 작업』 기획안을 꺼내
물질화하기 시작했는데 그러다 보니 첫 책으로 내기에는 원고
마감이나 진행 일정이 빠듯하더라고요. 그렇다고 첫 책의
발행을 계속 늦출 수는 없었어요. 출근한 분들에게도 빨리
일거리를 드려야 했고요.

마침 『아마존 분홍돌고래를 만나다』의 번역가이신 승영조
선생님께서 예전 출판본을 손보고 업데이트된 부분을
추가한 원고를 주셨고, 한겨레신문사 환경 기자이신 남종영
선생님의 감수까지 마친 것이 7월이에요. 그때부터 작업해서
9월에 『아마존 분홍돌고래를 만나다』가 돌고래의 첫 책으로
나오게 된 거죠. 처음 기획했던 『돌봄과 작업』은 12월에
출간되었고요. 돌이켜 보니 정말 운명이었나 봐요.

한 가지 에피소드를 더하면, 당시 드라마 〈이상한 변호사
우영우〉의 인기가 대단했어요. 우영우가 가장 좋아하는
것이 고래였고요. 혈기 넘치는 편집자 동료와 선후배들이
'돌고래 책 당장 내라!', '이 타이밍을 놓치면 안 된다!'며 연락을
주셨어요. 저도 젊었을 때는 한 달 만에 뚝딱 책 한 권을 만들어
내고는 했는데 이제는 그렇게 안 되더라고요. 그렇게까지 해야
할 이유도 잘 모르겠고요. (웃음) 제 속도대로 만들다 보니

드라마가 다 끝나고 나오게 되었죠.

편집자와 호흡 맞추는 시간을 충분히 가지며 여유 있게 잘
만들었어요. 남종영 선생님의 감수까지 받아서 퀄리티를 저희
기준에 맞춰 낼 수 있었던 책이에요.

표지 그림이 사이 몽고메리의 이야기만큼이나 매혹적이에요.

표지 그림을 그린 진청 작가는 제가 민음사에서 일할 때
저작권팀에서 같이 일했던 분이에요. 자기가 그렸다며
문득문득 예쁜 그림을 주고 가는 너무나 사랑스러운
분이었어요. 그런데 어느 날 그림을 그리겠다며 퇴사를
하시는 거예요! 알고 보니 이분이 국문학과 동양화를 복수
전공했더라고요. 회사 다닐 때부터 알고 있었으니까, 이분의
그림을 안 지는 오래됐죠. 주로 바다와 돌고래 같은 해양
생물을 그리시거든요. 사이 몽고메리도 좋아하시고요. 이
책을 복간하기로 했을 때 당연히 진청 작가를 떠올렸고, 표지
그림을 부탁드렸어요. 너무 예쁘게 그려 주셨고 표지의 글씨도
직접 써 주신 거라 이 책의 표지는 일러스트레이터가 다 맡아
하신 셈이죠. 정말 마음에 들어요.

내용만큼 흡인력 있는 표지라고 생각했어요.

일독을 망설이는 독자를 매료시킬 책 소개 부탁드려요.

오랫동안 사람들에게 읽히고 추천을 받아 온 책인 만큼 책에
대한 다양한 찬사들이 많은데요. 저는 그중에서도 "절반은
인디아나 존스, 나머지 절반은 에밀리 디킨슨"이라는 문장이
제일 기억에 남더라고요. 영화 〈인디아나 존스〉처럼 예기치
못한 모험으로 가득 찬 이야기이면서, 동시에 가장 섬세하고
여성적인 시를 쓴 에밀리 디킨슨이 떠오르는 아름다운
문장들로 가득한 책이거든요. 한편으로 비슷한 형태로 저는
이 책을 "최고의 과학책이자 동시에 최고의 신화책"이라고
소개하곤 합니다. 과학과 신화는 가장 대척점에 있는 듯한
범주인데 이 책을 읽으면 그런 갈라치기(편 가르기)가 얼마나
피상적인 짓인지 잘 알 수 있어요. 정밀하게 과학적이면서도
동시에 신화적인 상상력으로 가득 찬 책이거든요.
분홍돌고래(보투)라는 생김새부터 희한한 이 생물종에 대한
소개도 흥미롭고(진화생물학적으로 독특한 위치에 있는
종이라고 해요.) 아마존 사람들은 분홍돌고래가 사람을
유혹해 저 멀리 보투의 나라로 데려간다고 두려워하는
이야기들도 신비롭고요. 또 아마존 열대우림의 화려하고
다양한 동식물에 대한 소개도 너무 재미있지만, 그에 못지않게

신기하고 매력적인 사람들도 많이 등장해요. 오지에서 분홍돌고래나 벨루가를 연구하는 여성 과학자들부터 고생물학자, 현지인 뱃사공들, 돌고래 춤을 전수하는 할머니, 돌고래 구호 활동가 등등. 또 아마존이라는 공간도 매혹적이죠. 그 생명력과 생동감이 책을 뚫고 나오는 것 같은 기분이 들기도 했어요. 한편으로 제국주의 세력부터 토착 세력까지 수백 년간 그 지역을 착취해 온 온갖 사람들의 이야기, 환경을 파괴하고 자원을 유출하고 원주민을 학살하고 전염병을 유입한 그 슬픈 역사까지도⋯⋯. 울림이 너무 큰 책입니다.

짧고 쉽게 하라고 하셨는데 그만⋯⋯.

수익금을 해양환경단체 핫핑크돌핀스에 기부하는 것도 물 흐르듯 자연스럽게 느껴져요.

핫핑크돌핀스의 황현진 공동대표님이 이 책의 추천사를 써 주셨어요. 이 책의 인세 일부를 핫핑크돌핀스에 기부하는 것으로 설정해 놨고요. 돈을 많이 벌어 기부도 많이 하고 싶었는데 그러지 못했어요. 저희 책이 다 중쇄를 찍었는데 이 책만 증쇄를 못 했거든요. 하지만 앞으로 사이 몽고메리 책들이 더 나올 거기 때문에 반드시 중쇄를 찍을 거고, 더 많이 팔아서 기부도 많이 할 예정입니다.

책은 어떻게 파는 건가요? 아직 풀지 못한 궁금증이에요. 홍보와 판매를 위해 어떤 일들을 하시는지 들려주세요.

마케팅 기획은 편집자로서 항상 해 오던 일이에요. 출판사를 차리고는 전과 달리 서점 미팅도 나가고 MD들과 소통도 직접하고 있어요. 이전에는 시간이 없어서 불가능했거든요. 직접 MD를 만나니 좋은 면이 있어요. 마케터를 통해 건너 건너 내용을 전달했던 것보다 소통도 잘 되고 MD분들이 도서 마케팅에 대해 같이 고민해 주시기도 하고요. 대형 온라인 서점이든 작은 동네서점이든 서점에서도 도움을 주려고 애쓰신다는 걸 알게 됐죠. 회사를 운영하는 입장에서 정말 감사해요. 서점들이야말로 우리 책 생태계를 함께 만들어 가는 중요한 파트너인 것 같다고 절감하고 있고요. 이해관계가 충돌하는 지점들이 분명히 있겠지만 기본적인 신뢰와 감사의 마음을 잊지 않으려고 합니다.
또 저희가 북토크를 열심히 하니까 마케팅을 많이 하는 것처럼 보일 수 있는데, 전혀 그렇지는 않고요. 할 수 있는 것을 하고 있을 뿐이에요. 아직 브랜드 초기라서 할 수 있는 것들이 많지는 않아요. 저자분들의 도움으로 북토크를 이어 나가면서

독자들과 만나는 것은 마케팅이나 홍보, 브랜딩보다는 저희가
즐겁고 재미있어서 하는 일이기는 합니다.

저희는 홍보와 마케팅이 중요하다고 생각해서 시간과 에너지,
돈을 가능한 한 투자하려고 하는 편이에요. 일반적으로 작은
출판사들, 일인 출판사들이 하는 것과는 조금 다르게 오프라인
서점 광고도 하고요. 데이터를 가지고 엄밀히 판단하면 하지
말아야 하는 광고도 지금은 브랜드 홍보 기간이라 여기고
진행하고 있어요. 들인 비용만큼은 아니지만 어떤 효과들을
보고 있다고 생각하거든요. 앞으로는 북페어에 참가해서
독자들을 직접 만나는 경험도 해 보려 하고요.

과거라면 하지 않았을 선택을 하며 출판사를 운영하고 계신 것
같아요. 출판사 대표라는 전과는 다른 위치에서 이전과 다른
방법으로 일하는 것이 스트레스가 되지는 않나요?

제가 임프린트로 갈 때만 해도 젊고 에너지가 있을 때
독립해야 한다는 분들이 많았어요. 그런데 그때의 저는
독립보다는 큰 회사의 큰 자원으로 규모 있는 기획들을 하고
싶었던 것 같아요. 그런데 막상 임프린트로 가서는 너무나
자영업자처럼 일했어요. 매출 스트레스를 지금보다 훨씬
많이 받았고, 그래서 객관적인 데이터에 더 집착했던 것

같고요. 열심히 했기 때문에 오히려 다른 사람들의 도움을
못 받은 측면도 있고, 그 회사의 자원을 충분히 다 쓰지 못한
면도 있어요. 황당하게도 스스로가 주는 매출 압박 때문에
규모 있는 작업을 할 수 없었죠. 결과물이 나쁘지 않았지만,
너무 과하게 에너지를 쏟았기 때문에 소진이 많이 됐어요.
효율적으로 일했던 것 같지도 않고요.

돌고래를 운영하면서도 계속 난관이 있지만 그때의 경험
덕분에 오히려 지금은 일에 지나친 에너지를 쏟지 않아요.
어려움이 없는 게 아닌데도 제가 과거에 비해 스트레스를
확연히 덜 받아요. 이것이 회사를 차렸기 때문인지 아니면
나이가 들어서인지, 성격이 편안해져서인지는 잘 모르겠어요.
회사 다니던 그 시절의 상태로 출판사를 차렸더라면 이미
미쳐서 죽었을 거예요. (웃음) 객관적인 지표로 지금 상황을
보면 앞이 보이지 않는다고 느꼈을 것 같거든요. 지금의 저는
'회사가 굴러가고 있으니 되었다'고 생각하고 있어요.
선후 관계를 따져 보면 회사를 차려서 스트레스가 줄어든
것은 아니고, 스트레스를 줄일 수 있었기 때문에 회사를 차릴
수 있었던 것 같아요.

편집자, 마케터와 함께한 시작이 안정적인 출발이라 생각됐어요.

출판사를 만들더라도 나 혼자 모든 업무를 맡아 하진
않겠다는 생각은 있었어요. 보통 마케터가 출판사를 차리면
대표가 해야 할 일을 정확하게 판단하고 나머지 일들은 다
도움을 받으세요. 그런데 편집자가 출판사를 차리면, 과한
경우 편집부터 디자인까지 간기면(판권면)을 본인 이름으로
다 채우는 분도 계시거든요. 편집자의 능력이 뛰어난 것은
사실이지만 이런 방식은 좋지 않은 것 같았어요. 상업
출판이라면 분명히 객관성을 유지해야 하는 면이 있는데
아무리 의식하고 있어도 혼자서는 객관성을 유지하기 어려울
것 같아서요.

그렇지만 이렇게 처음부터 정규직 직원을 복수로 뽑을
생각은 전혀 없었어요. 정말 그럴 만한 여력이 없었거든요.
지금 저희 편집자로 계신 분이 다니던 회사를 그만뒀다는
소식을 듣고 만났을 때만 해도 제가 이분을 정식으로 채용할
거라는 생각은 전혀 하지 못했어요. 어떻게든 서로 도움이 될
방법을 찾고 싶어서 일주일에 한 번씩만 나와서 외서 검토를
같이하자고 했어요. 저도 말동무가 필요하니까요. (웃음)
마케터도 마찬가지예요. 이분은 출판 업종에서 일하던 분도
아니에요. 제가 민음사를 퇴사하고 프리랜서로 생태전환

잡지를 만들던 시절에, 제가 그 잡지를 위해서 역시 프리랜서로 SNS 홍보를 부탁드렸던 분이에요. 처음 만났을 때 저에게 이런저런 출판에 관련된 실질적인 일들을 배우면 다른 곳(문화센터나 교육기관)에서 이론적으로 일을 배우는 것보다 훨씬 나을 거고, 나중에 나는 틀림없이 회사를 차릴 테니 그 회사에서 같이 일할 수 있지 않겠냐고 호기롭게 이야기하긴 했지만, 진짜로 이렇게 같이 일하게 되다니 너무 놀랍고 감사한 일이에요. 분명한 건 제가 전부 다 세세하게 그 먼 미래까지 계획하지는 않았었다는 거예요. 제가 그동안 큰 회사들에서 얼마나 많은 채용을 해 봤겠어요. 수많은 지원자의 서류를 검토하고 몇 번의 면접을 거쳐 엄청난 경쟁률을 뚫고 만난 분들도 훌륭하셨지만, 유능한 분들을 이렇게 우연하고도 운명적으로 만날 수도 있구나 싶어요. (기도를 많이 하기는 했습니다.)

두 분 다 젊으세요. 앞길이 창창한 분들이시죠. 두 분께 제가 알고 있는 경험과 데이터를 모두 알려 드리려고 노력하고 있어요. (그렇게 느끼실지는 잘 모르겠습니다.) 오랫동안 여러 회사에서 일하면서 편집자, 마케터를 훈련시켜 본 경험들이 있으니 경력이 많지 않아도, 없어도 좋겠다고 생각했어요. 아무리 유능한 분들이라도 저와 너무 다른 방식으로 일하는 경력자들과 맞춰 가는 데 에너지가 더 들 수도 있을 것 같았고요. 사람에게 투자하는 것이 다른 무엇보다 가치 있다는 걸 알기 때문에 시간을 들이며 호흡을 맞춰 가 보려고 합니다. 그런데 처음에 제대로 일거리를 준비하지도 못한 채로 두세 달 월급을 드려야 하는 상황이 되니, 내 깜냥을 알게 되고 정신이 번쩍 들긴 하더라고요. (웃음) 와, 장난이 아니구나, 잘못하면 진짜 큰일나겠구나, 책임감도 들고요. 그래도 '청년일자리도약장려금 사업'의 도움으로 일 년 동안 급여 일부를 지원받은 것이 큰 도움이 되었습니다.

이렇게 일인 출판사이지만 편집자와 마케터 동료가 있는 상태로 시작한 것이 저는 좀 자랑스러워요. 여유만 된다면 언제든 더 많은 분을 모시고 싶다는 포부가 있습니다. 버는 만큼 사람에 투자하고 싶어요. 아니, 사람들에게 계속 투자할 수 있을 만큼 많이 벌고 싶어요.

돌고래의 성장이 기대돼요. 김희진 대표의 출판사는 어떻게 커 갈까요? 그리고 있는 출판사의 상이 있다면 들려주세요.

제가 상이 워낙 많았던 사람이에요. 지금은 그걸 벗으려고 노력하는 중이기 때문에 돌고래에 대해서도 특별한 미래상을 갖고 있지 않아요. 대신 돌고래만의 생명력으로 잘 커 나갈 거라는 믿음이 있어요.

145

주변을 보면 각각의 출판사들이 너무나 다양한 방식으로 생존하고 있더라고요. 예전이라면 그걸 배워서 써먹을 궁리를 했을 텐데 지금은 그저 대단하고 아름다워 보여요. 우리도 우리의 방식으로 출판계에서 잘 살아남았으면 좋겠다고 생각했어요.

물론 기본적으로 열심히도 해야겠지만 솔직히 말하면 출판 일이라는 것이 인풋을 넣으면 함수를 거쳐 결괏값이 나오는 방식으로 돌아가지는 않는 것 같아요. 내가 진짜 하고 싶은 것을 내보이면 그게 다른 사람들의 마음에 닿는 것 같거든요. 도 닦는 얘기만 계속하게 되는 것 같네요. (웃음) 제가 부단히 노력해서 지금은 보완이 많이 됐지만 원래 굉장히 통제적인 사람이에요. 과거의 저는 필요한 데이터를 끊임없이 점검하고 일이 계획대로 되도록 마이크로 매니징하는 것에 열심이었어요. 그게 굉장히 비효율적이었다는 걸 과거의 저를 통해 배웠기 때문에 지금은 돌고래가 자연스럽게 흘러가기를 바라요. 대표인 저는 우리가 가고자 하는 방향을 놓치지만 않으면 된다고 생각하고요. 제가 지나치게 틀어잡지만 않으면 돌고래의 생태는 막힘없이 흐를 거예요. 우리 마케터와 편집자에게도 나름의 생명력이 있으니, 그분들과 어우러져서 자연스럽게 가다 보면 결과물도 좋을 거라고 믿어요.

돌고래의 결과물을 모아 놓고 보니 통념을 우아하게 비껴
보는 시선이 느껴져요. 대표님이 가리키는 방향이 자연스럽게
드러나는 걸까요?

제가 관심 있는 주제에 대해 마음을 담아서 하는 작업인지라
서로 연결돼 있는 것 같아요.
여성에 대한 상이 단순하고 평면적으로 그려지는 것이
항상 불만이었어요. 그런 상들이 여성에게 압박이 되기도
하고요. 인간이 어떻게 항상 밝을 수 있겠어요. 그런데 모성에
대해서는 특히 그림자나 어둠을 용납하지 못하는 것 같아요.
실제의 모성이나 상징에서 그려지는 모성을 보면 그렇지
않거든요. 이를테면 자연과 같아요. 벼락도 치고 재난도
일어나고 따뜻했다가 비도 오다가…… 이렇게 통합되어
있기 때문에 힘을 가지는 것이 모성이에요. 제가 맡은 작업을
통해 실제의 여성성을 되살려 내고 싶다는 생각을 하고
있어요. 이런 주제의 책들이 아직 남아 있어서 그것들을 다 낼
때까지는 계속 나아갈 수밖에 없어요.
만들어야 할 책이 있으니 계속 출간하게 될 것이고, 실제로
책이 주는 달콤함도 엄청나거든요. 독자에게 보이는 데서
오는 기쁨과 재미, 또 협업의 과정에서 겪는 생각지 못한
고통까지도 책을 내게 하는 원동력이에요.

출판사 & 도서 정보

출판사명 **돌고래**

출판사 등록일 **2021년 5월 20일**

대표 **김희진**

첫 책 **아마존 분홍돌고래를 만나다**

분류 **국내도서〉인문〉인문학일반〉인문교양(교보문고)**

　　　국내도서〉자연과학〉생명과학〉동물/곤충(예스24)

　　　국내도서〉인문학〉인문 에세이(알라딘)

제작기간 **1년(재번역 9개월, 제작 3개월)**

발행일 **2022년 9월 30일**

보도자료를 통해 본 『아마존 분홍돌고래를 만나다』

신비롭고 매혹적인 분홍돌고래를 따라
수천만 년 진화의 역사를 간직한 아마존의 수중도시로

우리가 흔히 생각하는 돌고래는 회색의 몸으로 바다에서 살아
간다. 하지만 이 세상에는 바다가 아닌 민물에, 회색이 아닌 분
홍빛의 몸으로 살아가는 돌고래도 존재한다. 바로 아마존강돌
고래, 보투(boto)가 그렇다. 어릴 때부터 아마존의 광활한 생
태계에 매료된 저자는 성인이 된 후 방글라데시 순다르반을 탐
사하다가 처음 민물 돌고래를 목격하고, 이 일을 계기로 분홍돌
고래의 존재에 강렬하게 매료된다. 이마는 멜론 같고 주둥이는
길쭉한 이들은 외모부터 여타의 돌고래와 확연히 구분된다. 하
지만 강돌고래가 신비로운 것은 생김새 때문만이 아니다. 이들
종에 관한 과학적 사실도 그리 명확히 규명돼 있지 않았다. 학
회에서 만난 어느 과학자는 분홍돌고래가 사람들의 영혼을 빼
앗아 간다는 아마존의 전설을 들려주기도 했다. 저자 역시 그렇
게 영혼을 사로잡혀 분홍돌고래를 향한 호기심과 열망이 걷잡
을 수 없이 커져 갔고, 결국 오래전부터 꿈꿔 온 아마존으로 떠
났다. 『아마존 분홍돌고래를 만나다』는 그 탐색의 여정을 한 편

의 이야기로 유려하게 엮어 낸 책이다. 이 책을 읽다 보면 독자들 역시 분홍돌고래에 홀딱 마음을 빼앗기는 경험을 하게 될 것이다.

대학에서 영문학, 대학원에서 비교문학을 공부했다. 편집자가 무슨 일을 하는지 잘 몰랐지만 돈 벌며 공부할 수 있는 직업인 것 같다는 냄새를 맡고 2001년 새물결 출판사에 입사했다. 황금부엉이 출판사를 짧게 거쳐 돌베개 출판사에서 인문사회팀 팀장, 저작권 담당자로 칠 년간 일했다. 이때 『소년의 눈물』, 『디아스포라 기행』 등 서경식 선생의 책들을 다수 기획·편집하고 마이크 데이비스, 프리모 레비, 에바 일루즈 등의 작품들을 국내에 소개했다.(약 오십여 종) 돌베개에서 마지막으로 만든 책은 노무현 전 대통령의 기록들을 유시민 전 장관이 정리한 『운명이다』이다. 2010년 민음사로 옮긴 후 2011년 인문교양 임프린트 반비를 만들어 2020년 퇴사할 때까지 십 년간 편집장으로 일했다. 『멀고도 가까운』, 『걷기의 인문학』 등 리베카 솔닛의 책들과 『나는 가해자의 엄마입니다』, 『우리는 어떻게 괴물이 되어가는가』, 『생각을 빼앗긴 세계』 등의 외서들을 국내에 소개하고 김진애, 우석훈, 서동욱, 임동근, 조형근, 김용언, 김신현경, 서경식 선생의 책들을 기획·편집했다.(약 백여 종)

2021년부터 생태전환매거진 『바람과 물』 창간에 참여했고 일 년 동안 편집장으로 일했다. 돌봄, 환경, 생태, 동물, 식물, 생명, 신화, 상징, 이야기, 여성, 페미니즘, 젠더, 섹슈얼리티 등의 주제에 관한 아름답고 가치 있는 책들을 펴내고 싶어 2022년 가을 돌고래 출판사를 창업했다.

2017년 올해의 출판인(편집 부문)으로 선정되었고(한국출판인회의), 지은 책으로 『돌봄 인문학 수업』(2019, 위즈덤하우스), 『사회과학책 만드는 법』(2021, 유유), 『서경식 다시 읽기』(공저, 2022, 연립서가), 『돌봄과 작업』(공저, 2022, 돌고래)이 있고 옮긴 책으로 『한 달에 한 번씩 지구 위를 이사하는 법』(2009, 웅진지식하우스), 『나의 사랑스러운 방해자』(2023, 돌고래) 등이 있다. 여기저기서 책 만들기, 기획하기, 글쓰기, 번역하기, 패키징하기 등의 주제로 강의도 많이 했다.

이연실 『전쟁일기』

임프린트의
롤 모델
이야기장수

『전쟁일기』는 2022년 2월 24일에 시작된 누군가의 일상이자 여전히 끝나지 않은 현실이다. 이 책은 독자를 단박에 7,547km 떨어진 우크라이나 하리코프 한복판으로 데려다 놓는다. 나는 책을 읽는 동안 사방에서 쏟아지는 폭격의 충격파를, 죽음에 대비해 팔에 이름과 전화번호를 새기는 펜의 압각을 고스란히 느꼈다. 상상조차 해 볼 일 없었던 상황에 머릿속이 하얘졌고 사랑하는 사람을 잃을 수 있다는 절망감에 눈물을 쏟았다.

한 권의 책으로 전쟁을 실감하고, 당장에라도 반전 시위에 나설 마음으로 "전쟁 그만!"을 외치며 책을 덮었지만 나의 밤엔 아무 일도 일어나지 않았다. 아마 앞으로도 대수롭지 않은 날들이 이어질 테고 지금의 마음도 무뎌질 것이다.

다만 이제 나는 오늘 우리의 무탈이 당연한 일상이 아니라는 것을, 기적에 가까운 일이라는 것을 안다. 그리고 더 이상 몰아치는 일을 감당해 낸 날 밤 침대에 누워 '전쟁 같았다'라는 수사 따위는 쓰지 않기로 한다. 무엇도 감히 전쟁과 같을 수 없기 때문이다.

우크라이나 전쟁이 발발한 지 육백구십일 일째 날, 여전히 진행 중인 전쟁의 비극에 가슴이 먹먹한 채로 이연실 대표를 만났다. 이날은 이야기장수가 개업한 지 육백팔십오 일째 되는 날이기도 했다. 그녀는 임프린트를 시작한 첫날부터 지금까지 믿기지 않는 일정을 소화해 내고 있었다. 이 년이 채 되지 않는 기간 동안 열두 권의 책을 펴냈고, 시간을 쪼개 칼럼을 쓰고 인터뷰에 응하며 출판사와 책을 알렸다.

그녀가 이십 일 만에 『전쟁일기』를 완성해 냈다는 이야기를 접했을 때 자연스럽게 떠오른 질문이 있다. 첫 책과 같은 무게의 이야기를 다시 만난다면 같은 속도로 작업할 수 있을까? 내가 예상한 답변은 '다시는 못 할 것이다'였으나 이연실 대표는 "이미 만났고, 벌써 했다."라며 호탕하게 웃었다. 『은혜씨의 포옹』 발간일을 정은혜 작가의 전시회 일정에 맞추기 위해 첫 책 작업과 다름없는 속도로 책을 펴냈다는 것이다.

『전쟁일기』를 읽기 전이었다면 이연실 대표가 출판에 임하는 태도를 '지독한 전쟁을 치르고 있는 장수와 같다'고 표현했을 것이다. 하지만 가만히 생각해 보니, 끼니를 거르고 밤을 새우며 자신에게 주어진 이야기를 가장 값진 순간 대중에게 내보이기 위해 전력 질주하는 편집자의 삶, 스스로가 수단이 되는 것을 마다하지 않고 가치 있는 서사를 더 많은 사람에게 알리는 장사꾼의 삶에는 어떤 미사여구도 필요하지 않았다. 이는 그녀가 '이연실' 이름 석 자로 완벽하게 설명되는 유일한 삶을 살고 있는 까닭이다.

이야기장수의 첫 책『전쟁일기』를 소개해 주세요.

『전쟁일기』는 우크라이나 전쟁을 겪고 있는 한 여성이 전쟁의
발발을 목격한 시점부터 두 아이와 강아지 한 마리를 데리고
피난하기까지의 과정을 기록한 책이에요. 평범한 일상에
일어난 비극이 고스란히 담겨 있죠.
이 이야기가 마침 저와 인연이 닿았다는 것에 감격하면서도
전쟁으로 인해 삶이 한순간에 무너진 이들의 불행을 절감하며
슬픈 마음으로 만들었어요. 이 책이 나온 지 이 년이 되어
가네요. 우크라이나 전쟁이 이 년 동안 이어지고 있다는
의미이기도 해요.

**우크라이나 작가의 이야기가 어떻게 한국에 있는 편집자, 콕
집어 이연실에게 왔을까요?**

책이 나올 당시에는 원고의 제보자를 밝힐 수 없었어요. 이
책의 번역가 정소은 선생님이 그 장본인인데, 당시 러시아에
체류 중이셨거든요. SNS에서 올가 그레벤니크Olga Grebennik
작가의 피난 일기를 접하고 어떻게든 세상에 알려야 한다고
생각하셨대요. 러시아에서도 우크라이나에서도 출판할 수
없는 상황이니 가능한 경로를 찾아 한국의 김하나, 황선우

임프린트의 롤 모델
이야기장수°『전쟁일기』

작가님에게 도움을 청하셨어요. 두 분은 저에게 연락하셨고요.
주저하지 않고 전쟁의 실상을 책에 담아낼 탱크 같은 사람을
떠올렸다고 해요.

정소은 선생님은 러시아에서 생업을 하고 계셨고 전쟁에 대해
조금만 잘못 언급해도 위험에 처할 수 있었어요. 추방당하고,
직업을 잃고, 가족과 헤어질 수 있는 상황에도 개의치 않고
당연히 해야 할 일이라고 여기고 행동하신 거죠. 그 용기가
저에게 옮아 치열하게 작업했던 것 같아요.

이 책이 외치는 분명한 메시지는 '전쟁 중단'이에요. 그 시기
뉴스에는 전쟁으로 죽어 가는 사람들의 소식이 끊임없이
보도되고 있었고 저는 이 책이 한시라도 빨리 목소리를 낼 수
있도록 서둘러야 했어요.

그렇게 이십 일 만에 책이 만들어졌어요.

사실 말도 안 되는 일이죠. 외국 저자와 한국 출판사가
에이전시도 끼지 않고 계약했고, 작가님은 피난 중이고요.
원고의 스캔본을 전달받을 날을 기약할 수 없어서 작가님께
이미지를 핸드폰으로 찍어 보내 달라고 부탁했어요. 숙소 침대
위에 늘어놓고 찍은 작가의 다이어리 사진을 받았을 땐 제가
긴박한 작업을 하고 있다는 것을 절감했어요.

책과 연결된 모든 분이 이 일정을 가능하게 했죠. 정소은 선생님은 번역 외에도 올가 작가님과의 모든 소통에 통역을 자처하셨어요. 제가 시차를 느끼지 못했을 정도로 밤을 새우며 애써 주셨죠. 신선아 디자이너도 마찬가지예요. 올가 작가가 찍어 보낸 사진에서 이미지를 하나하나 따 내는 작업이 녹록지 않았을 텐데 촉박한 일정 안에서 예술적으로 해내 주셨죠.

출판사 내에서 이 책이 더 많은 독자에게 가닿기 위해 국내 작가의 힘 있는 추천사가 필요하다는 의견이 다수였고 저는 출간일을 미룰 수 없었어요. 결국 금요일에 추천사를 청탁하며 주말까지 원고를 주실 수 있겠냐는 다급한 요청을 해야 했죠. 그럼에도 두말없이 호소력 있는 추천사를 써 주신 작가님들이 계셨어요.

황선우 작가님의 추천 글에 '사람이 사람을 돕는다'라는 문구가 있어요. 이 구절처럼 올가 작가의 사연을 접한 모두가 이 이야기가 책이 되어 널리 퍼지도록 같은 마음으로 도왔다고 생각해요.

표지와 눈을 맞추고 있으면 먹먹해져요. 본문의 삽화는 작가의 다이어리를 건네받은 듯 박진하고요.

긴박한 상황이었으니 작가님께 받은 이미지 중 한 장을 표지에 쓰려고 했어요. 아이 팔에 이름, 생년월일, 전화번호가 적혀 있는 삽화를 골랐다가 작가님께 새로 그림을 그려 주실 수 있을지 여쭤봤어요. 올가 작가는 그림책 작가이기 때문에 표지 디자인에 욕심을 낼 수 있겠다고 생각했거든요. 작가님은 당시 국경을 옮겨 다니는 힘겨운 상황이었음에도 불구하고 새로 작업한 그림을 하루 만에 보내 주셨어요. 어둠에 잠겨 눈물을 흘리고 있는 사람의 형상이 무엇을 의미하는지 단번에 이해할 수 있었죠. 내용을 알고 있는 채로 보니, 연필 선으로 가득 메운 검은 면에 담긴 작가의 심정이 느껴져서 고민하지 않고 표지 이미지로 결정했어요. 이 책의 내지는 120g 미색 모조지에 회색 바탕을 깔고 작업한 거예요. 좀 더 거친 종이를 내지로 쓰고 싶었는데, 질감 있는 종이는 이미지를 인쇄물로 구현했을 때 화면으로 보는 것과 차이가 클 수 있어서 디자이너가 고민을 많이 했어요. 표지는 평범한 아르떼 종이를 쓰고 후가공도 하지 않았어요. 더 많은 독자가 이 책을 볼 수 있기를 바라며 책값을 올리지 않는데 초점을 맞춰 결정했어요.

급박한 중에도 세심한 작업이었네요. 올가 작가의 반응은

어땠나요?

작가님도 책이 이렇게나 빨리 나올 거라고는 생각하지
못하셨대요. 이 책이 한국에서 출간되어 다행이라는 말씀도
하셨고요. 저도 신속하게 직업했다는 것에 자부심을
느끼고 있어요. 한국의 『전쟁일기』가 신호탄이 되어 오
개국(이탈리아, 독일, 루마니아, 일본, 대만)으로 판권을
수출했어요. 세계 곳곳에 올가 작가의 이야기를 전할 수
있었죠.

무엇보다 저를 믿어 주신 작가님이 있어 가능했던 일이에요.
저는 가장 가치 있을 때 이 책을 내보내야 한다는 생각에
서둘렀고, 작가님은 제가 말하지 않아도 저를 이해하고
계셨어요. 급한 마음에 출간 계약을 체결하기도 전에 작가님께
작업을 시작해도 되겠냐고 여쭤봤어요. 조심스럽게 전한
의사에 올가 작가는 당신을 신뢰하고 있으니 그렇게 하라고
답했고요. 서로 간의 신의가 없었다면 이렇게 빠른 작업은
불가능했을 거예요.

임프린트의 롤 모델
이야기장수 『전쟁일기』

제작 과정을 듣고 나니 이 책이 묵직하게 느껴져요.

이야기장수에게『전쟁일기』는 어떤 의미일까요?

제가 주로 가볍고 대중적인 책을 다룬다고 알고 계시던

분들은 이야기장수가 첫 책으로『전쟁일기』를 택한 것을

의아해하셨어요. 사회적인 성격이 강한 책이니까요. 하지만

현실을 몸으로 살아 내는 사람의 이야기를 추구하는 저에게

올가 작가의 글은 반드시 맡아야 할 작업이었어요. 이 책으로

제가 '유일한 책'을 지향하는 편집자라는 것을 보여 줄 수

있었고요. 세계 최초로 한국에서 이 책을 발간해 냈다는

보람도 커요.

책 작업을 하는 동안 전쟁이 종료될 거라 생각했기 때문에

일을 몰아친 것도 있어요. 이 책으로 우크라이나 전쟁을

마무리 짓게 될 거라 기대했는데 전쟁은 여전하네요. 내가

만든 책이 스테디셀러이기를 원하는 편집자이지만, 이 책은

증쇄하면서도 어서 과거가 되었으면 하고 바라게 돼요.

책이 나왔을 때 수많은 곳에서 관심을 보여 주셨고 저도

여기저기 책을 알리느라 정신없는 시기를 보냈어요. 이 년이

지난 지금, 전쟁은 여전히 진행 중이지만 이제는 단신조차

다루지 않을 정도로 전쟁의 현실에 무뎌졌잖아요. 저는 이

책을 만들며 먼 나라에 사는 평범한 사람들의 불행이 내

것으로 느껴지는 경험을 했어요. 전쟁과 결코 멀리 있지 않은 우리나라의 독자들도 이 책을 읽고 우크라이나에 꾸준한 관심을 가져 주셨으면 좋겠어요. 이 비극이 아직 끝나지 않았다는 것을 기억해 주세요.

만드는 사람의 이야기가 더해지니 책 이상의 의미가 부여되네요. 유일한 책을 만드는 수완 좋은 이야기 장수, 이연실이 궁금해져요.

출판업계 호황기에 문학동네에 입사해 이제 사십 대에 들어섰어요. 열 명이 넘던 제 입사 동기들은 그동안 모두 각자의 길을 택해 떠났고 문학동네에 남아 있는 사람은 저 하나예요.
편집자로 살다 보면 자신의 방향을 결정해야 하는 순간이 반드시 오게 돼요. 문학동네의 전환기에 조직 재편이 있었는데 회사는 편집팀장인 저에게 기존과는 다른 직책을 제안했어요. 그런데 아무리 생각해 봐도 제 몫이 아니었어요. 저는 그저 내가 좋아하는 책을 오래도록 만들고 싶은 편집자거든요. 하지만 큰 조직이 높은 직위의 직원에게 기대하는 것은 실무자가 아닌 관리자 역할이니까요. 내 목표가 조직의 높은 자리로 오르는 것이 아니라면 어떤 선택을 해야 할지 고민했고, 문학동네 편집부에서의 내 역할은 여기까지라는 결론이 났어요. 그다음을 생각했죠.

그렇게 임프린트행을 택하셨어요.

책을 만들고 파는 일은 너무나 재미있지만, 매출 목표를 맞추느라 전전긍긍하고 싶지는 않았어요. 주변에서 임프린트를 추천해도 계산기 두드리고 싶지 않다며 손사래 쳤고요.

하지만 편집부를 떠나기로 한 후 여러 가능성을 따져 보고 내린 결론은 나에게 큰 조직의 뒷받침이 필요하다는 거였어요. 독립을 준비하는 입장에서 자본금과 숙련된 인력, 잘 갖춰진 시스템을 지원받을 수 있는 임프린트 제도는 매력적인 선택지였죠.

제가 입사 후 쭉 문학동네에서 근무했다고 알고 있는 분들도 계신데, 마의 삼 년 차 때 퇴사 경험이 있어요. 잠시 이 조직을 떠났을 때 제가 이곳의 구성원들을 얼마나 그리워했던지 기억하고 있기 때문에 문학동네 출판그룹에서 임프린트를 해야겠다고 마음을 정했죠.

지원을 아끼지 않는 만큼 아무나 뛰어들 수 있는 일은 아닐 텐데요. 어떤 포부를 밝히셨나요?

임프린트 계약을 위해 제가 문학동네에서 해 온 일들을 정리한 것과 운영 계획을 제출해야 했어요. 이왕 마음먹었으니 거부할 수 없는 제안서를 보여 주겠다고 생각했죠. 오로지 제가 기획해서 올린 성과만 뽑아 정리했더니 저도 화들짝 놀랄 만한 결과가 수치화되더라고요. 누가 봐도 인정할 수 있는 근거가 만들어졌고요. 편집자 개인으로서 나를 브랜딩해 온 것과 제가 잘할 수 있는 분야를 써넣었죠.

그런데 사실 임프린트를 시작할 때 필요한 것은 포부나 계획이 아닌 저자 계약서예요. 창업 후 당장 실적을 낼 수 있어야 하니까요. 회사에서도 편집부에 일 년 더 근무하며 저자를 확보한 후 안정적으로 사업을 시작하라는 합리적인 조언을 해 주셨죠. 그런데 저는 그게 싫었어요. 퇴사하고 나면 더 이상 내가 관리할 수 없는 책을 작업하면서 시간을 보내고 싶지 않더라고요. 계약서는 없었지만 제가 계약할 수 있는 책과 계약하고 싶은 작가들을 계획안에 적었어요. 어찌 보면 준비 없이 시작한 셈이죠. 임프린트를 하기로 결정된 것이 2022년 1월 말이고 3월 2일에 개업식을 했으니까요.

시작하는 마음은 어땠을까요? 겁이 많은 저로서는 상상도 안 되네요.

문학동네 편집부 사원으로 시작해서 임프린트 대표가 된 경우는 제가 처음이에요. 후배들에게 이런 길도 있다는 것을 몸소 보여 주고 싶었어요. 그래서 더 잘 해내야 했고요. 임프린트 대표는 문학동네 출판그룹과 업무상 계약을 체결하고 투자를 받는 관계이기 때문에 그 전에 문학동네 직원으로서의 삶을 정리해야 했어요. 퇴사하며 정말 많이 울었어요. 신승훈의 〈I believe〉를 틀어 놓고 인수인계서를 작성하는데 이 책들과, 작가님들과 이별한다는 생각에 눈물이 줄줄 흐르더라고요. 다시는 누군가를 떠나보내는 일을 겪고 싶지 않았어요. 퉁퉁 부은 눈으로 앞으로 내가 만드는 책들과 절대로 헤어지지 않으리라는 각오를 다졌죠. 나를 믿고 이야기장수에 원고를 맡겨 줄 작가님들을 끝까지 책임지겠다고요. 이것이 제가 반드시 생존해야만 하는 이유예요.

제가 임프린트를 하겠다고 했을 때 저를 많이 아끼는 전 대표님께서 다른 선택을 했으면 좋겠다고 말씀하시기도 했어요. 저를 못 믿어서가 아니라 임프린트는 엄격한 시스템이라서 아무리 이연실이라도 매출을 채우지 못하면 떠나야 한다고, 저를 문학동네에서 오래 보고 싶다고요.
매출 목표가 만만치 않다는 것을 알아요. 대표라는 직책의
무게를 실감하며 일하고 있어요.

**매출 압박 때문에 임프린트 운영의 기쁨을 오롯이 누리지 못하는
건 아닌가요?**

때로는 느슨한 마음이 기적을 불러온다고 생각해요. 제가
편집한 『전쟁은 여자의 얼굴을 하지 않았다』는 다들 피
튀기는 힘든 책을 누가 보겠느냐고 반대하면서도 저를 믿고
발행을 승락해 준 작품이에요. 이 책의 한국어판 출간 직후에
작가인 스베틀라나 알렉시예비치Svetlana Alexievich가
노벨문학상을 받았고, 편집자인 저에게 큰 영광을
가져다주었죠. 그런데 임프린트에서는 간절함으로 출간을
결정하기엔 감당해야 하는 위험이 커요. 이 년의 계약 기간
동안 정해진 매출을 채우지 못하면 브랜드를 놓고 떠나야
하거든요.
편집부 소속일 때는 한 해 매출 목표를 달성하지 못했더라도
내년을 기약하며 파이팅을 외치면 됐어요. 그런데 임프린트는
올해의 손해를 그대로 짊어지고 내년을 맞게 돼요. 한정된
시간 안에 저 혼자 만들 수 있는 권수는 당연히 한계가 있으니

한 권만 예상 판매치에 못 미쳐도 전체 매출이 휘청거리게
돼요. 신중할 수밖에 없어요.

그런데 지내보니 생각만큼 끔찍한 일은 아닌 것 같아요.
편집부 소속일 때는 예산을 더 써서라도 제 책을 최고로
예쁘게 만들어 달라고, 마케팅을 더 해 달라고 떼쓰는
편집자였어요. 가난한 집에서 미국 유학 보내 달라고 조르는
철없는 막내딸 같다는 핀잔도 들었어요. (웃음) 지금은 제가
결정하는 하나하나가 전부 지출인 것을 아니까, 이마에 주름을
긋고 집안 살림을 책임지는 처지인 거죠. 각박한 일이지만
이것도 좋아요. 덕분에 책을 만들고 파는 과정 전체를 돈의
흐름과 같이 볼 수 있게 되었어요. 책과 함께 살고 있다는
느낌이 들어요.

**'책을 향한 사랑'을 넘는 더 강력한 표현이 있던가요? 대표님이
책과 함께 사는 이야기가 너무나 행복하게 들려서 다른 세상을
사는 듯 보이기도 해요.**

제가 하도 즐겁게 일하니까 한 친구가 저를 보고 뒤늦게
편집일을 시작했다가 욕을 하며 그만뒀어요. (웃음) 요사이
좋은 일이 많긴 했지만 그만큼의 어려움도 분명히 있어요.
눈이 짓무르도록 우는 날들도 있고요. 드러내지 않을 뿐이죠.

기쁘고 좋은 것들은 자랑하고 알리지만 힘든 시간은 제
몫이니까요. 일은 여전히 힘들고 고되지만 잠깐씩 찾아오는
좋은 때로 견디며 해 나가는 거죠.

**그렇게 길러 낸 맷집으로 '에세이는 한 달'이라는 출판 시장에서
'삼 개월 만에 판매가 끊기면 재미가 없다!'라고 외칠 수 있게 된
걸까요.**

자신감 넘치던 과거의 제가 '이천 부가 나갈 책이라면 삼천
부로, 삼천 부 나갈 책이라면 오천 부로, 오천 부 책은 만 부로,
오만 부 판매가 예상되는 책은 십만 부로 독자의 범주를
확장시키고 더 많은 대중 독자에게 가닿을 길을 상상하는
사람'이라고 말하고 다녔더라고요. 지금은 감히 이렇게
호기로운 이야기는 하지 않아요. 다만 작가님께 최선을 다해
최대치의 판매를 이루겠다는 신뢰를 드리죠. 실제로 그렇게
하고 있고요.
제가 오천 부 이상 팔겠다고 하는 이야기는 객관적인
데이터라기보다 내가 그만큼 몰입할 수 있다는 확신의
표현이에요. 슬프게도 책이 풀리고 이삼 주만 지나도 판매
지수가 하락하는 것을 봐야 하는 현실이지만 편집자로서
끝까지 포기하지 않는 거죠. 대중의 이목을 받는 기간이 이삼

주더라도 이삼 년 끈질기게 알릴 각오를 하고 있어요.

**유명한 편집자의 자리도 판매에 도움이 됐을까요? 대중에
드러난 몇 안 되는 편집자 중 한 분인데요.**

트위터 초창기부터 정말 열심히 글을 올리는 편집자였어요.
문학동네 공식 홍보 채널에서 내가 만든 책을 소개해 주지
않는다면 직접 알리겠다는 생각으로 열정을 쏟았죠. 지금은
필사적으로 이야기장수를 알려야 할 때이고요.
이야기장수의 특장점은 이연실이 편집한다는 거예요.
이야기장수를 알리려면 저를 알려야 하기 때문에 자리가
있다면 적극적으로 나서고 있어요. 이름이 알려지고는 저를
먼저 찾아오는 작가님도 생겼고, 매체 인터뷰를 하고 신문에
칼럼도 쓰면서 책을 알릴 수 있는 기회가 더 많아진 것을
체감하고 있어요.
반면에 고민되는 지점도 있어요. 제 이름에 붙은 허영의
수사를 보고 저에게 과한 기대를 하실 때는 조금 버겁기도
해요. 저도 작가와 동행하며 일을 해 나가는 일개 편집자일
뿐이고, 책은 모름지기 작가와 함께 만들어 가는 것이라고
생각하거든요. 제 앞에 과한 수식어가 있으면 쥐구멍에
들어가고 싶기도 하고요. 그럼에도 유명한 편집자의 자리를

피하지 않기로 한 것은 이 또한 편집자로서 누릴 수 있는 행운이라고 생각하기 때문이에요.
드러나는 제 모습이 작가에게는 함께 일하고 싶은 편집자로, 독자에게는 흥미로운 일이 벌어지는 출판사로 보인다면 좋겠어요.

출판사 이야기장수의 미래는 어떨까요?[1]

> [1]
> 2022년 3월 ㈜문학동네의 임프린트로 시작한 이야기장수는 2024년 4월 11일 ㈜이야기장수로 ㈜문학동네의 계열사가 되었다.

이야기장수가 출간한 『가녀장의 시대』와 『형사 박미옥』의 판권을 너무나 훌륭한 영상 제작사에 팔았어요. 이야기 장수로서 제법 잘한 장사라고 생각해요. 이대로 이야기를 잘 파는 회사로 성장해 나가고 싶어요.
지금은 계약한 책 위주로 작가와 관계를 맺고 있지만 미래에는 작가의 소속사 역할을 할 수 있게 되길 바라요.
언젠가 사옥을 짓게 되면 좋아하는 작가님들 방을 하나씩 만들 거예요. 이렇게 얘기하면 정작 작가님들은 무서워하시지만요. (웃음) 작가가 편하게 작업할 수 있는 환경을 만들고 싶어요. 근사한 구내식당을 지어서 건강한 밥도 챙겨 드리고요. 일뿐만 아니라 작가의 일상을 함께 궁리하는 회사가 되고 싶다고 생각해요.

출판사명 **이야기장수(이야기장수는 (주)문학동네의 계열사입**

니다.)

임프린트 창립일 **2022년 3월 2일**

주식회사 창립일 **2024년 4월 11일**

대표 **이연실**

첫 책 **전쟁일기 – 우크라이나의 눈물**

분류 **국내도서>시/에세이>나라별 에세이>기타국가에세이**

(교보문고)

국내도서>에세이>그림 에세이(예스24)

국내도서>에세이>외국에세이(알라딘)

제작기간 **20일**

발행일 **2022년 4월 14일**

보도자료를 통해 본 『전쟁일기』

전쟁이 지워 가는 인간다운 삶을 연필 한 자루로 붙든
우크라이나 여성의 다큐멘터리 그림일기

우크라이나 전쟁으로 삶이 무너진 한 작가가 지하 피난 생활을
하며 연필 한 자루로 전쟁의 참혹과 절망을 기록한 다큐멘터리
일기장이 전 세계 최초로 한국에서 출간, 공개되었다. 문학동네
출판그룹의 새 임프린트 '이야기장수'의 첫 번째 책이자, 기출
간된 원서 없이 우크라이나 작가와 한국의 편집자가 직접 소통
하여 완성해 낸 생생한 기록물이다.

이 책은 한 가족이 품고 있던 천 개의 계획과 꿈을 전쟁이 어떻
게 산산이 무너뜨리는가를 알리는 시대의 증언이다. 더불어 한
여성이 사랑하는 두 아이를, 이름이 있는 강아지 한 마리를, 그
리고 스스로를 끝까지 지켜 내기 위해 어디까지 용감해질 수 있
는지에 대한 감동적인 기록이다. 우리는 이 일기장을 통해 한
인간이 전쟁의 잔혹함 속에서도 공포와 절망을 뚫고 다시 삶으
로 돌아오는 과정을 목격할 것이다.

"시내가 폭격당하고 있다. 미사일이 떨어졌다. 번화하고 아름다운 나의 도시를 그들은 지구상에서 지우고 있다…… 나는 그림을 그리기로 했다. 다큐멘터리 일기장이 될 것이다. 더이상 두렵지 않다." - 본문 중에서 편집자, 이야기장수 대표.

　　대학교 4학년이던 2007년, '내 청춘은 망했고 빨리 돈이나 벌러 나가자'는 심정으로 문학동네에 입사했다. 옛날 드라마 〈아들과 딸〉의 후남이처럼 온갖 시련 속에서 콜록거리면서도 교정지를 보는 호젓한 모습을 상상하며 출판사에 들어왔으나, 엉덩이에 불나게 많은 사람들을 만나고 조율하고 뛰어다니는 기획·편집자의 실상에 충격받으며, 내가 오해한 이 일을 끝까지 이해하고 잘해 보고 싶어졌다. 첫 출판사인 문학동네에서 쭉 일하며 김훈의 『라면을 끓이며』, 하정우의 『걷는 사람, 하정우』, 스베틀라나 알렉시예비치의 『전쟁은 여자의 얼굴을 하지 않았다』, 김이나의 『김이나의 작사법』, 이슬아의 『부지런한 사랑』 등의 에세이를 만들었다.

　　에세이는 한 사람의 결과 바닥을 그대로 드러내는 적나라하고도 무서운 장르라고 생각한다. 좋은 에세이가 되는 삶을 살아온 작가와 같이 일하고 노는 시간을 사랑한다. 그들 곁에서 '나만 아는 작가의 말'을 수집하고 편집해, 원고와 내 삶에 반영한다.

2022년부터 문학동네 임프린트 이야기장수를 시작하고, 이슬아의 『가녀장의 시대』, 박미옥의 『형사 박미옥』, 정은혜의 『은혜씨의 포옹』, 양세형의 『별의 길』 등을 기획·편집했다. 2024년 이야기장수는 (주)문학동네의 계열사 (주)이야기장수로 법인회사가 되었다.

장래 희망은 백발이 돼서도 교정지 든 에코백 메고 저자 미팅 현장과 서점을 누비는 '현직' 할머니 편집자.

트위터·인스타그램·페이스북 @promunhak

신혜영

『마°씨 할머니의 달꿀 송편』

경쟁력을 갖춘
그림책 편집자의
독립
호랑이꿈

『마씨 할머니의 달꿀 송편』은 아이가 먼저 찾는 건강식 같다. 마고할미 설화, 한가위 풍습, 환경문제, 멸종위기 동물까지. 영양 가득한 재료를 유쾌하고 코믹한 그림과 함께 맛깔나게 버무려 읽는 맛도 좋은 그림책이다. 몸에 좋은 음식으로 입맛을 당기기란 여간 어려운 일이 아님을 끼니를 차리는 순간마다 절감하는 처지라, 아이에게 읽히고 싶은 이야기를 진진하게 담아낸 권민조 작가의 이야기 한 상 차림이 그지없이 반가웠다. 까다로운 입맛의 딸아이는 오염된 세상을 시원하게 구해 내고 동물들과 송편 잔치를 벌이는 마씨 할머니 이야기를 움쑥거리며 맛있게 비웠다.

　　마씨 할머니에게 빛나는 조력자 보름달이 있었던 것처럼

권민조 작가에게도 신혜영 대표가 있었다. 그런데 마씨 할머니에게 우왕변신환을 던져 주고 한껏 생색을 내던 보름달과 달리 신혜영 대표는 스스로 뽐내지 않는 탓에, 나는 인터뷰 전 그녀의 경력을 넉넉히 수집하는 일에 실패했다. 다만 그녀를 언급한 다른 이들의 글을 통해 그녀가 '십여 권이 넘는 책을 함께 만들어 온 짝꿍'으로, '꼼꼼한 눈썰미의 편집자'로, '꿈을 실현해 준 감사한 사람'으로 살아온 것을 알 수 있었다.

인터뷰를 시작하고 신혜영 대표의 이력을 들으며 그녀가 나에게도 고마운 사람이었다는 것을 깨달았다. 나는 출산 후 사 년의 가정 보육 끝에 아이를 어린이집에 보냈다. 고대하던 자유가 주어졌지만 즐길 수 없었다. 고작 몇 시간 동안 떨어져 있을 뿐인 아이의 빈 자리가 허전함을 넘어 불안감으로 채워졌기 때문이다. 그때 나를 안심시킨 책이 『우리는 언제나 다시 만나』(글 윤여림, 그림 안녕달)였다. 지금 보니 이 책의 판권면에 기획·편집자로 신혜영이란 이름이 적혀 있다. 엉뚱발랄한 이야기로 고단한 육아에 웃음을 준 『팥빙수의 전설』(글, 그림 이지은) 속 할머니와 눈호랑이는 아이가 초등학생이 된 지금까지도 내 육아 동료로 남아 있는데, 말동무가 그리울 때마다 꺼내 본 탓에 이제는 너덜너덜해진 판권면에도 그녀의 이름이 있다. 책을 만든 편집자에게 나는 수많은 독자 중 한 명이겠지만 그녀가 만든 책은 내 육아의 구원자였다.

인터뷰 끝에 신혜영 대표는 그림책 『틈만 나면』을 소개해 주었다. 어느 틈에서든 자라나는 잡풀의 모습에서 틈만 나면 그림책을 떠올리는 자신을 보았다고 한다. 나는 자분자분 그림책을 키워 내는 그녀의 정성을 상상하며 그 마음이 아이를 돌보는 성심과 똑 닮았다고 생각했다. 그렇게 여기고 나니 평생 그림책 곁에 머물고 싶다는 그녀의 바람이 응당히 여겨졌다. 호호백발 할머니가 되어서도 그림책에 둘러싸여 온화하게 웃고 있을 신혜영 대표가 그려진다.

이십 년을 꽉 채운 대표님의 그림책 편집 경력을 알고 나니, 대표님과 그림책과의 인연은 어디서부터 시작된 것인지 궁금해졌어요.

저는 그림책을 보며 자란 세대는 아니에요. 제가 어릴 때는 '디즈니 그림 명작', '어린이 세계의 명작' 같은 시리즈 동화책을 주로 읽었죠. 그림책을 처음 접한 건 스무 살 때예요. 아동문학을 전공한 교수님의 수업을 들으며 그림책의 고전으로 통하는 존 버닝햄John Burningham, 모리스 샌닥Maurice Sendak의 작품을 알게 되었는데 그때 저에게 그림책이라는 새로운 세계가 열렸어요. 공강 때면 학교 근처 대형 서점에 가서 몇 시간이고 그림책을 읽었죠. 요즘과는 달리 어린이책에 비닐 포장이 되어 있지 않아서 서가에 꽂힌 책을 원 없이 읽을 수 있었어요. 4학년이 되어 진로를 고민하며 막연히 그림책과 관련된 일을 하고 싶다고 생각했는데 무엇을 할 수 있을지는 모르겠더라고요. 마침 학교에서 어린이 그림책 출판사인 보림출판사 편집장의 특강을 들었고 그때 구체적으로 그림책 편집자가 되고 싶다는 생각을 굳혔어요.

대학 4학년 때 취업해서 몇몇 출판사를 거치며 어린이책을 만드는 일을 했어요. 2006년에 웅진주니어로 이직했고

경쟁력을 갖춘 그림책 편집자의 독립
호랑이꿈『마씨 할머니의 달꿀 송편』

그곳에서 십 년 정도 근무했죠. 당시 웅진주니어는 어린이책 편집자만 스무 명이 넘는 큰 규모의 출판사였어요. 유아 분야도 그림책팀, 정보그림책팀이 따로 있을 정도였으니까요. 그 안에서 그림책의 다양한 분야를 경험했고 큰 회사의 자본력으로 다종의 외서를 검토하고 출간하는 일도 해 볼 수 있었죠.

대표님 이력의 마지막은 '프리랜서 기획·편집자' 인데요.

출산하고 얼마 있지 않아 서울에 있던 출판사가 파주로 이전했어요. 아이도 어렸고 늘어난 출퇴근 시간이 부담스럽기도 해서 자연스럽게 퇴사를 결정했죠. 십 년 넘게 일했으니 퇴사 이후 시간은 재충전의 시기로 여기며 쉬고 있었고요.
그러던 어느 날 제가 편집을 담당했던 작가님께 작업물을 봐 줄 수 있겠냐는 연락이 왔어요. 당시 웅진주니어가 그림책을 e-book으로 전환하는 사업을 진행하며 종이책 출간 규모를 줄이는 분위기여서 저 말고도 많은 분들이 퇴사한 어수선한 상황이었거든요. 제가 있던 유아 그림책팀 팀장 자리도 공석이었으니 작가들이 작품을 투고할 창구가 없었던 거죠. 그렇게 회사 밖에서 작가의 원고를 검토하게 되었어요.

189

계획한 것은 아닌데 제가 담당했던 작가들과 이렇게 인연이 이어져 자연스럽게 그림책을 기획하고 편집하는 프리랜서가 되었어요. 그렇게 작업한 작품을 출판사에 계신 선배들께 보여 드렸고 출간까지 이어져 웅진주니어, 위즈덤하우스, 천개의바람 같은 출판사에서 책이 되어 나왔어요.

연락을 주신 작가님도, 제안에 응한 대표님도, 작업물을 선택한 출판사도 서로가 서로에게 은인인 셈이네요.

작가 입장에서는 출판사 편집자와 만나는 것보다 저와의 미팅이 편하지 않았을까 하는 생각이 들어요. 편집자는 계약을 목적으로 만나지만 무소속인 저와는 계약 여부를 떠나 작품에 대한 의견을 주고받을 수 있으니까요. 투고한 원고는 거절을 당하기도 하는데 저는 더미(그림책 형식과 형태를 갖춰 만든 원고)를 보며 어떻게든 작업을 완성하는 방향으로 작가와 고민했어요.
출판사에는 오래 같이 일했던 선배들의 취향을 고려해 투고할 수 있었어요. 제가 기획·편집한 작업물이 시장에서 반응이 좋았고, 외주 편집자의 기획으로 만들어졌다는 것이 알음알음으로 알려지면서 함께 작업해 보자는 출판사들이 생겼어요.

퇴사 후 쉬려던 계획과는 달리 두 번째 전성기가 시작되네요. 이 이야기는 자연스럽게 출판사를 차리는 것으로 전개되나요?

작가와 함께 책을 만드는 동안은 내 책이라는 생각으로 작업해요. 출판사에 소속되어 있을 땐 느끼지 못했는데 외주 작업자로 일하다 보니 책이 출간되고 나면 저는 외부인이 되고 작업한 책은 출판사의 책이 되더라고요. 일을 끝까지 마무리 짓지 못하고 중간에 놓는 듯한 느낌이 들었어요. 지인들이 왜 출판사를 차리지 않느냐고 묻는데 그때만 해도 창업은 겁이 났어요. 아이도 어렸고요. 아쉬움을 품은 채 외주 작업을 이어 갔죠.

그러다 2019년에 동유럽 출판사 탐방 연수를 다녀올 기회가 생겼어요. 오스트리아 빈에 위치한 작은 출판사에 방문했을 때 하얗게 센 머리의 대표와 편집장이 우리를 맞아 주었어요. 경력을 묻지는 못했지만 백발을 보고 출판 일을 오래 하셨을 거라 짐작할 수 있었죠. 그분들이 '우리는 원래 교정 교열 업무를 하지 않지만 담당하는 친구가 출산 휴가 중이어서 돌아가며 이 일을 하고 있다'고 하는데 규모와 상관없이 꾸준히 책을 내는 출판사가 그려졌어요. 비로소 출판사를 해 보는 게 좋겠다는 생각이 들었죠. 나를 위한 평생직장을 만들기로 한 거예요.

그 뒤로 삼 년이 지난 2022년에 호랑이 꿈이 세워졌어요. 첫 책 출간 연도는 2023년이고요.

얼마 안 돼 코로나19가 퍼지는 바람에 결심을 바로 실행에 옮길 수 없었어요. 꼼짝없이 집에서 아이를 돌봐야 했고, 감염 위험 때문에 미팅도 인쇄 감리도 불가능해져서 출판 일을 하는 것도 쉽지 않았거든요. 당장 출판사를 설립할 수 없는 상황이었죠.

하지만 시간적 여유가 생겼으니 출판사를 차리기 전에 편집자로서 내 능력을 시험해 봐야겠다는 생각이 들었어요. 지금까지는 알고 지내던 작가들과 작업을 이어 왔지만 회사를 차린다면 새로운 작가군이 필요하기도 하고, 앞으로 내 출판사에서 책을 내면 겪게 될 과정을 미리 겪어 보고 싶기도 했고요. 그래서 기성 작가를 대상으로 아이디어를 더미로 발전시키고 작품을 완성하는 십 주 과정의 창작 워크숍을 열었어요. 혼자 기획하고 혼자 실행한 소소한 워크숍에 매번 오륙십 명이 넘는 작가들이 지원해 주셨어요. 매회 여덟 명의 작가를 만날 수 있었고 2022년까지 세 번의 워크숍을 진행하고 나니 그제야 출판사를 차려도 되겠다는 확신이 생기더라고요. 초반 워크숍의 결과물은 다른 출판사에서 출간했고 2022년 2월 출판사 등록을 하고 난 뒤 호랑이꿈

이름으로 일고여덟 건의 출판 계약을 진행했어요.
그런데 다른 분야와 달리 그림책은 원고가 있어도 계약 후
일 년 안에 책이 나오면 선방했다고 해요. 출간까지 오 년이
걸린 책도 있어요. 작가가 그림 스타일이나 구성을 바꾸면서
시간이 길어지기도 하고, 글 작가와 그림 작가가 따로 있는
경우에는 글이 완성되더라도 그림 작가의 스케줄에 맞춰
작업이 진행되기도 하고요. 출판사 설립 전에 제가 프리랜서로
맡은 작업도 병행하고 있었는데 작가님과 다음 작업이 이어질
가능성을 생각하면 이것도 소홀히 할 수 없었죠. 그러다 보니
2023년 9월 1일에 첫 책이 나왔어요. 첫 책을 낼 즈음엔 외주
작업이 모두 끝나 있을 거라 예상했는데 사실 아직도 한두
건의 작업이 남아 있어요.

**호랑이꿈의 첫 책『마씨 할머니의 달꿀 송편』의 권민조 작가는
『할머니의 용궁 여행』으로 유명한 베스트셀러 작가예요. 신생
출판사가 베스트셀러 작가와 함께할 수 있었던 비결을 알려
주세요.**

작은 출판사에서 어떻게 유명한 작가를 섭외했는지 묻는
분들이 계셨는데 저에게는 의아한 질문이에요. 권민조
작가와는 '그림책상상 그림책학교' 입문 과정에서 만났어요.

저는 강사였고 작가님은 경남 울산에서 서울까지 일주일에
두 번 있는 수업을 한 번도 빠지지 않고 참여한 열혈
수강생이었어요. 작가님은 초등학교 선생님이신데 그림책
작가를 하고 싶은 마음에 휴직 기간 동안 강의를 들으러 오신
거예요.

작가님의 첫 작품인 『할머니의 용궁 여행』 더미를
보았는데 〈수궁가〉를 모티브로 한 구성이 기막히게
재밌었어요. 그림체가 발랄하고 직관적이어서 이야기의
즐거움이 시각적으로도 오롯이 느껴지더라고요. 이
책은 제가 기획·편집을 맡아 출판사 천개의바람에서
출간했어요. 처음부터 반응이 있었던 것은 아닌데 2021년
경남독서한마당 선정 도서가 되고, 환경 그림책으로 입소문이
나면서 베스트셀러가 되었어요. 작가님의 두 번째 책 『몽돌
미역국』도 저와 함께 작업했고, 자연스럽게 세 번째 작업도
같이 하게 된 것이 『마씨 할머니의 달꿀 송편』이에요.

작가님께 제가 창업을 준비하고 있다고 알렸더니 감사하게도
"무조건 선생님이랑 같이 작업해야죠." 하셨어요. 처음에
강사와 수강생으로 만나서인지 지금도 저를 선생님이라
부르시거든요. (웃음)

이 책은 멸종동물 이야기를 해 보자는 아이디어에서
시작되었어요. 마고 할머니 캐릭터, 한가위와 송편까지

소재는 충분했는데 왜인지 진도가 나가지 않았어요. 대여섯
번 구성안을 주고받은 후에는 '책이 되어 나올 수 있을까?'
하는 근심이 들어 작가님과 허심탄회하게 이야기를 나눴어요.
부담 갖지 말고 작가님이 가지고 있는 재미있는 것들을
풀어내 보자는 진심을 전하고 시간을 가졌죠. 2023년 봄에
드디어 못된 마녀의 마법이 풀렸는지 작가님께서 너무나
재미있는 섬네일(작품 구상에서 초기의 내용을 메모지와 같은 작은
종이에 가볍게 그린 그림)을 보내 주셨고 그대로 속도를 붙여
작업했어요.

**봄에 섬네일을 받고 가을에 출간했다니, 일 년 안에 책이 나오면
선방이라는 말씀과는 다르게 빨라도 너무 빠른 전개인데요.**

출간할 이야기가 한가위를 소재로 하고 있으니 추석에 맞춰
책이 나오면 좋겠다고 단순하게 생각했죠. 2023년 추석은
다른 해보다 빨라서 홍보 시기와 판매 기간을 고려하면 9월
초에는 책을 발매해야 했어요. 그렇다면 8월에 편집과 제작을
완료해야 하고 7월 말에는 작가의 작업이 끝나야 한다.
이렇게 출간일을 기준으로 역으로 계획을 세웠어요. 작업
막바지에는 권민조 작가님이 밤새 그림을 그려 원고를 넘기면
저와 디자인 실장님이 낮에 작업을 해서 다시 작가님에게

보내며 분초를 다투어 작업했어요. 사실 이렇게 촉박하게
일하는 경우는 흔치 않은데 이 책은 저와 작가님과 디자인
실장님까지 딱 맞는 톱니바퀴처럼 움직여 일정을 맞출 수
있었어요.

**빛나는 팀워크의 결과물이군요. 성과가 좋아 저도 덩달아
기뻐요.**

살면서 가장 행복한 9월을 보냈어요. 책의 출간일이 9월
1일인데 9월 첫 주가 지나고 판매 순위가 오르기 시작해
매일 최고 순위를 경신했어요. 판매량에 대한 욕심은 전혀
없었는데 이렇게 되니 1위를 탐내게 되더라고요. 랭킹을
지켜보며 작가님, 디자인 실장님, 제가 함께 있는 채팅방이
시끌시끌했어요. 운이 좋게도 추석 책으로 알려지며
예스24와 알라딘에서 같은 날 유아 분야 판매 순위 1위를
했고요.
서로 독려하는 작업 과정을 거쳐 함께 성과를 나누며 큰
출판사에서 경험한 것과는 또 다른 든든함을 느꼈어요.
제가 출판사 대표의 위치에 있긴 하지만 모두가 저를 공동
작업자로 생각해 주시니 지금처럼 다 같이 으쌰으쌰하며 힘을
내는 돈독한 관계가 가능한 것 같아요.

첫 책이 유아 분야 1위와 베스트셀러에 오르다니, 호랑이 꿈이라도 꾸신 건가요? 흥행을 부르는 그림책 마케팅 전략을 귀띔해 주신다면요.

아이들이 재미있게 보고 책에 대한 흥미를 느꼈으면 하는 바람으로 북트레일러를 만든 것이 제가 신경 쓴 유일한 홍보예요. 독후 활동지를 기획하면 좋을 콘텐츠인 것은 알지만 여력이 없었고, 책의 반응을 짐작할 수 없으니 판촉물을 만들기도 조심스러워서 아무것도 하지 않았거든요. 아무래도 베스트셀러 작가의 후광이 컸던 것 같아요. 어떻게 추석 시즌에 딱 맞춰 마케팅했냐며 감탄하신 분들도 계신데 저는 그저 추석 이야기이니 추석에 나오면 좋겠다는 단순한 생각을 했던 것이지 치밀한 계산이 있었던 건 아니에요.

치밀하지 않았다는 것을 믿기 힘든 결과예요.

이십 년 동안 어린이책을 만들어 왔지만 기획과 편집 이후의 업무는 전부 처음이었어요. 온라인 서점 곳곳에 보이는 책 소개가 모두 광고라는 사실을 출판사를 차리고 나서 알았을 정도예요. 다행히 출판사를 운영하는 지인들이 계셔서 하나하나 여쭤보며 제 나름의 참고 자료를 만들 수 있었지만 과정을 겪으며 방법을 익혀야 했어요.

책이 나왔으니 당장 물류회사와 계약을 하고 서점에 납품도 해야 했는데 절차를 모르니 우선 누구나 아는 온라인 서점 세 곳과 계약을 했어요. 매뉴얼이 잘 갖춰져 있어서 신생 출판사도 접근하기 쉽거든요. 그러고는 오르는 판매 순위를 보며 신기해하고 있는데 여기저기서 지역 번호가 찍힌 전화가 걸려 오는 거예요. 오프라인 서점은 각 지역 총판에 책을 발주하는데, 총판에서는 듣도 보도 못한 출판사의 책 주문이 들어오니 출판사로 전화를 주신 거죠. 물류회사 대표님께서 총판과 좋은 조건으로 계약하려면 먼저 연락하지 말라는 팁을 주셨는데, 정말이었어요.

교보문고 오프라인 서점 MD를 만나고 돌아왔는데 첫 주문이 이백 부 들어왔어요. 어린이책 발주는 백 권이 기본이라고 알고 있었는데 이례적인 일이었죠. 그런데 바로 다음날 MD님께 전화가 왔어요. 책이 너무 재미있다며 전국 매장의 'New & Hot' 코너에 진열해 보지 않겠냐는 거예요. 광고비를 내야 하고 진열이 되는 동안은 공급률도 낮아진다고 하니 괜찮은 조건인지 모르겠더라고요. 아는 선배에게 여쭤보니 "네가 하고 싶다고 할 수 있는 광고가 아니야. 무조건 해!"라고 하셔서 전국의 교보문고 매장을 통해서도 많은 독자를 만날 수 있었어요. 기대 이상의 큰 사랑을 받았죠. 두 번째 책이

경쟁력을 갖춘 그림책 편집자의 독립
호랑이꿈 『마씨 할머니의 달꿀 송편』

나오고 나서 출판 마케팅의 현실을 직시하게 되었지만요.
(웃음)

이제는 북토크와 독후 활동지가 어린이책 홍보의 기본값이 된 것 같아요.

온라인 북토크는 팬데믹을 지나며 생겨난 문화예요. 그림책은 학교나 도서관에 납품되고 수업에 활용되는 것이 판매량에 큰 영향을 미치기 때문에 어린이 독자를 만나는 것만큼 사서, 교사, 그림책 활동가를 만나는 것도 중요해요. 여러 플랫폼을 통해 이분들을 대상으로 하는 북토크와 줌 강연이 활발하게 이루어지고 있어요.

같은 맥락으로 독후 활동지도 유행하고 있죠. 교육 과정이 개정되며 초등 교과서에 그림책이 수록되기 시작했는데 수록된 책을 활용한 수업이 많아졌고 자연스럽게 활동지에 대한 수요도 커졌어요. 아무래도 초안이 있으면 수업을 준비하기 수월할 테니까요. 독후 활동지는 편집자들이 기획해서 만들기도 하지만 원고 청탁을 하기도 해요. 『마씨 할머니의 달꿀 송편』 활동지는 한 선생님께서 학생들이 책에 나오는 동물의 이름을 궁금해한다며 연락을 주셔서 북토크 때 사용했던 자료를 공유하며 독후 활동지라는 이름을 붙여 놓은 것이지 정식으로 기획한 활동지는 아니에요.

작가가 책을 통해 전하고자 하는 메시지를 독자가 느끼고
이해하는 것은 중요하지만 그림책을 교재 삼아 학습하는 것은
원치 않아요. 이 책의 역할은 책을 즐겁게 읽은 독자가 오염된
환경과 멸종 위기 동물에 대해 관심을 두게 하는 것까지라고
생각해요. 그래서 픽션 그림책을 만드는 편집자로서
독후 활동지를 기획하는 것이 조심스러워요. 물론 이것은
편집자로서의 고민이고, 호랑이꿈의 대표로서는 이 책이
장범준의 벚꽃 연금에 버금가는 호랑이꿈의 송편 연금이
되기를 기대하며 내년 추석에 맞춰 두꺼운 독후 활동지를
붙여 낼 수도 있겠죠. (웃음)

편집자인 자아와 대표인 자아의 원만한 합의가 이뤄지길 바라요.
일인 출판사 대표 역할에는 잘 적응하셨나요?

출근해서 그날의 주문을 확인하는 것부터 홍보에 쓰일 사진을
찍고 펀딩에 사용할 굿즈를 주문하는 것까지. 책을 만드는 것
외에 해야 할 일이 너무나도 많다는 걸 실감하며 일당백으로
해 나가고 있어요.
책을 만드는 동안은 작가와 디자이너라는 동료가 있어
든든했는데 모든 것을 혼자 결정해야 하는 이후의 상황은 좀

외롭더라고요. 지금이야 정가 16,800원이 인터넷 서점에서 10% 할인을 받을 경우 추가 배송비를 지불하지 않는 최선의 가격임을 확신할 수 있지만 처음 책 가격을 결정할 때는 정말 많은 고민을 했어요. 코로나 이전과 비교하면 종이 가격이 두 배 가까이 올라 신간에 적정 가격을 매겨야 했는데 가격 때문에 독자가 구매를 망설이지는 않을지, 인터넷 서점에서 구매할 때 지불할 배송비가 부담되지는 않을지 모든 상황을 따져 봤어요. 물론 주변에 조언을 구할 분들이 계시지만 최종 결정은 제 몫인지라 어깨가 무거워요.

MD를 만나러 가는 길은 여전히 떨리지만 책을 직접 만든 편집자이자 대표로서 누구보다 진심으로 소개할 수 있는 일이라는 생각에 기쁘게 임하고 있고요. 책에 대해 생각하다 보면 자연스럽게 떠오르는 아이디어로 이벤트를 기획하는 것도 재미있어요. 하지만 이대로라면 책을 만드는 시간이 점점 줄어들 테니 나중에는 제가 책 만드는 일에 집중할 수 있도록 기획·편집 외의 일을 맡아 줄 분이 필요하겠다는 생각이 들어요.

그림책과 함께하는 기쁨이 느껴져요. 이십 년째 이어지는 일인데도요.

저는 '그림책을 짓는다'고 표현해요. 의식주 뒤에 써서 '만든다'는 의미를 갖는 단어 '짓다'가 합당할 만큼 그림책은 제 삶의 기본 요소거든요. 아이디어가 그림책이 되는 과정은 무에서 유를 창조해 내는 것과 같아서 작업하는 내내 제 존재의 쓸모를 확인하게 해요. 그래서 그림책을 짓고 있는 지금이 정말 좋아요. 물론 즐겁기만 할 수는 없겠지만 그림책 자체가 제가 이 일을 하게 하는 모자람 없는 원동력이기 때문에 앞으로도 그림책을 지으며 행복할 거예요. 그림책과 함께 자란 제 아이가 이제는 책보다 게임을 좋아하는 어린이가 되었어요. 이전만큼 함께 그림책을 보지 못하는 것은 아쉽지만 여전히 함께 섬네일을 검토하고 흑백의 스케치를 모니터링해 주는 적극적인 조력자예요. 아이가 더 커서 그림책 곁을 떠나더라도 저는 제 안의 어린이와 함께 일을 해 나가겠죠. 할머니가 되어서도 계속 그림책 곁을 지키고 싶어요.

응원하게 되는 꿈이에요. 호랑이꿈이 지어낼 다음 이야기도 기다려지고요.

작가 앤서니 브라운Anthony Browne을 담당하던 시절 일 년도 채 안 되는 기간에 십만 부가 넘는 단행본을 판매한 경험이 있어요. 호랑이꿈의 첫 책이 판매 순위 1위를 하고 정말 기뻤지만 그림책이 호황을 누리던 시절과 비교하면 시장이 작아졌다는 것을 실감해요. 지금은 무엇보다 아이들이 많이 줄었고, 도서관이 보편화되어 책을 구매하기보다 대여하는 분들이 많아지기도 했죠.

어떤 책을 만들어야 독자의 선택을 받을 수 있을지 고민되는 부분이지만 저는 기본적으로 대중적인 책을 만들고 싶어요. 대중의 입맛에 맞는 책을 내겠다는 의미가 아니라 작가의 이야기가 더 많은 대중에게 전해지도록 돕는 역할을 하고 싶다는 뜻이에요.

출판사의 이름을 정할 때 우리 책이 독자에게 길몽 같은 존재가 되었으면 하는 바람을 담아 '호랑이꿈'이라고 지었어요. 독자의 삶에 좋은 징조가 되는 이야기를 전하고 싶어요. 우리의 이야기가 두고두고 꺼내 볼 수 있는 책으로 독자 곁에 머문다면 더할 나위 없이 기쁠 거예요.

출판사 & 도서 정보

출판사명 **호랑이꿈**

출판사 등록일 **2022년 2월 23일**

대표 **신혜영**

첫 책 **마씨 할머니의 달꿀 송편**

분류 **국내도서>유아(0~7세)>유아그림책>한국그림책**(교보문고)

국내도서>유아>4-6세>4-6세 우리나라 그림책(예스24)

국내도서>유아>그림책>나라별 그림책>한국 그림책(알라딘)

제작기간 **1년 8개월**

발행일 **2023년 9월 1일**

보도자료를 통해 본 『마씨 할머니의 달꿀 송편』

화제의 베스트셀러 『할머니의 용궁 여행』 권민조 작가의 신작!
할머니처럼 포근한 감동과 한가위처럼 풍성한 재미가 가득한
그림책 『마씨 할머니의 달꿀 송편』
옛이야기의 캐릭터와 설정을 살려 '공존'의 의미를 이야기하는
권민조 작가의 신작이 출간되었습니다. 우리나라 대표 창세 신
화인 '마고 할미'에서 영감을 얻어, 민속 최대 명절 한가위를 배
경으로 벌어지는 흥미진진하고 감동적인 이야기가 펼쳐집니다.
조물조물 뚝딱 세상을 만들어 놓고 신비로운 마고산에 살고 있
는 마씨 할머니! 할머니는 가장 큰 보름달이 뜨는 한가윗날에 동
물 친구들을 마고산으로 초대해 정성껏 빚은 송편을 대접해요.
그런데 이번 한가위에는 아무도 찾아오지 않는 거예요. 결국 할
머니는 직접 산 아래 세상으로 내려가기로 하는데……. 과연 동
물 친구들에게 무슨 일이 일어난 걸까요?

2022년 상반기 출판사 호랑이꿈을 창업하고 2023년 9월부터 첫 책을 출간하였다. 이십여 년 넘게 그림책을 만든 편집자로, 문학동네, 웅진주니어 등에서 근무하다가 2015년부터 프리랜서로 웅진주니어, 위즈덤하우스, 천개의바람을 비롯한 여러 출판사에서 작업하였다. 지금까지 약 삼백 권 정도의 그림책을 편집하였고, 그중 국내 창작 그림책은 백여 권이 넘는다. 기획·편집한 대표 도서로 『우리는 언제나 다시 만나』, 『팥빙수의 전설』, 『삼거리 양복점』, 『말들이 사는 나라』, 『할머니의 용궁 여행』 등이 있다.

　　'그림책상상 그림책학교' 등에서 강의를 하였고, 2020년부터 에디터영 그림책 워크숍을 진행하고 있다. 글을 쓴 『화가 호로록 풀리는 책』은 초등학교 2학년 교과서에 수록되기도 했다.

　　다양한 그림책 관련 경험을 바탕으로 독자들이 믿고 볼 수 있는 그림책 전문 출판사 '호랑이꿈'을 만들어 갈 예정이다.

치료탑 행성

OE KENZABURO

노벨문학상 수상작가 오에 겐자부로 SF

김난주 옮김

에디토리얼

최지영

『치료탑 행성』

과학 서적에 깃든
따뜻한 시선
에디토리얼

『치료탑 행성』 속 지구는 돌이킬 수 없는 상태다. 핵전쟁의 여파로 환경이 파괴되고 자원은 고갈되어 인류의 존속이 불투명하다. 작가가 그린 디스토피아가 낯설지 않은 것은 오늘날 뉴스를 숱하게 장식하는 환경 오염과 기후 위기가 작품 속 가상의 지구에 닥친 상황과 별반 다를 바 없기 때문이다. 그래서인지 나는 책을 읽으며 가까운 미래의 지구 종말 예언서를 받아든 암울한 심정이 되었다. 작가는 SF적 상상력으로 회생 불가능한 지구에서 백만 명을 선발해 새로운 행성으로 보내고 그곳에서 암과 에이즈마저 치료할 수 있는 치유의 건축물을 발견한다. 그러나 정작 이 이야기는 지구에 남겨진 낙오자의 시점으로 서술된다.

에디토리얼의 표현대로라면 이 작품은 1996년 한국에서 '오에 겐자부로 소설 문학 전집'에 수록된 후 조용히 묻혀 있었다. 그리고 지난 2018년, 최지영 대표는 이 책을 재발굴해 출판사의 첫 책으로 삼았다. 첫 출간 당시에도 그다지 주목받지 못했던 SF 소설을 이십칠 년이 지난 후 재발간한 데는 그럴 만한 이유가 있을 것이리 생각됐다. 내가 인터뷰를 하며 느낀 최지영 대표는 현실에 단단히 뿌리내리고 출판 내공을 쌓아 온 숙련된 편집자이기 때문이다. 노벨문학상 수상작가의 명성과 도서 판매량의 상관관계를 가늠하는 내게 최지영 대표는 생각지 못한 답을 들려주었다. 개인과 공동체가 복잡하게 얽힌 문제를 개인을 구원하는 방향으로 풀어 가는 작가의 기조가 그녀를 끌어당겼다는 것이다. 과학서에 주력하는 출판사 대표가 과학적 상상보다 작품에 깔린 정서에 반응해 이 책을 선택했다는 점은 의외였다.

최지영 대표와 출판사 에디토리얼을 제대로 이해하고 싶은 마음에 에디토리얼의 도서 목록을 들여다보았다. 일인 출판사의 책은 대표 한 사람의 기획으로 결정되기 때문에 도서 목록에 대표의 견해가 드러날 수밖에 없다는 대화를 나눈 까닭에서였다. 예상대로 에디토리얼의 도서 목록은 자신의 영역을 선명히 하되 새로운 경향을 살피는 데 소홀하지 않는 베테랑 편집자를 닮아 있었다. 과학서와 SF를 중심으로 그려지는 지

과학 서적에 깃든 따뜻한 시선
에디토리얼 『치료탑 행성』

형도는 분명하면서도 단조롭지 않았다. 그리고 흥미롭게도 그 안에는 『치료탑 행성』에서 발견한 인간다움이 흐르고 있었다. 선택받은 자들의 승리감보다 지구에 버려진 이들의 열패감에 집중한 작가의 시선은 과학기술이 사회에 미치는 영향을 다룬 『과학기술의 일상사』와 이어졌고, '선택된 자들'이 지닌 남성성과 대비되는 주민 자치 공동체의 돌봄과 연대는 가부장제의 쇠락 이후 새로운 질서를 논하는 『돌봄과 연대의 경제학』과 연결되었다.

과학과 경제학을 다루는 책에서조차 온기가 느껴지는 것을 베테랑 편집자의 치밀한 기획력의 결과로만 여기자니 무언가 놓친 듯싶었는데, 주력 분야인 과학을 이야기하면서도 인간과 사회를 향하던 최지영 대표의 따뜻한 시선을 온기의 자리에 대입하고 나니 비로소 에디토리얼의 출간 목록을 잇는 퍼즐이 완성되었다.

편집자 최지영의 독립할 결심을 들려주세요.

창업 전까지 회사에 소속된 편집자였어요. 이직을 준비하고
있었는데 아직 학교에 다니는 아이가 있어 근무 여건,
복리 후생, 연봉이 이전 직장보다 못한 곳으로 옮기고
싶진 않았어요. 비교적 괜찮은 출판사를 다녀서 그런지 세
가지 조건 모두 만족스러운 곳을 찾기는 쉽지 않았어요.
일부 조건을 포기하고 더 다양한 경험을 쌓을 목적으로
이직하기에는 이미 고연차였고요. 그러던 중 출판계 선배님을
뵈었는데 제 생각과 계획을 들어 보시더니 창업을 해 보라고
권하셔서 며칠 고민한 후에 결심하게 되었습니다.
그때 일인 출판사가 하나둘 생겨나던 시기였어요. 처음에는
동업으로 시작했고 2018년에 독자적인 회사를 꾸렸습니다.

에디토리얼의 사전적 의미를 보고 주장이 분명한 전문가를
떠올렸는데 의외로 '도토리'에서 시작된 작명임을 알게
되었어요.

도토리가 땅에 묻혀 울창한 참나무로 자라나는 늠름한
모습을 늘 좋아했어요. 참나무는 우리나라 산지에 많이
자라는 수종인데다 어감도 예뻐서 출판사 이름을 '도토리'로

짓고 싶었는데 같은 이름의 출판사가 이미 있었어요. '에이콘acorn'도 있었고요. 그래서 'ㄷ', 'ㅌ', 'ㄹ'을 놓고 초성 놀이를 시작했죠. 떠올린 몇 개의 단어 중 에디토리얼을 택했어요.

최대한 의미를 빼자는 생각이 있었어요. 의미를 부여하면 그에 걸맞은 무언가를 해야 한다는 생각에 압박을 받을 것 같았거든요. 그러지 않아도 의미 부여를 피할 수 없는 것이 현실이고요. 원래 존재했던 양 누구도 의문을 품지 않는 이름이었으면 했어요. 로마자로 적을 때도 복잡하지 않았으면 했고요. 한 단어로 표현될 수 있는 영문 이름이면 좋겠다고 단순하게 생각해서 선택한 이름이에요.

출판 분야와 에디토리얼이라는 이름이 자연스럽게 어울려서 의도하신 대로 익숙하게 느꼈어요. 출판사의 도서 목록을 보면 과학, SF 분야가 눈에 띄어요. 대표님의 이력을 짐작하게 하는데요.

저는 느리게 차근차근 성장한 편집자입니다. 그림책, 청소년 교양서, 성인 교양서를 두루 경험했으니 운이 좋은 편이라고 생각해요. 역사서 편집자, 실용서 편집자 이렇게 분야를 특정한다면 저는 교양서 편집자였다고 할 수 있겠네요.

인하우스 편집자일 때 회사에서 진행한 큰 규모의 기획이
있었어요. 여러 분야의 고전급 텍스트를 해설하는 시리즈물을
만드는 기획이었죠. 2010년 이전이었는데 그때 이 분야에
대한 기본적인 시장 조사를 마쳤어요. 관련된 책을 읽으며
독자의 평가와 판매 데이터를 파악했고 국내외 과학 분야
작가와 번역가도 조사했어요. 당시 과학책 기획과 함께 SF
분야도 어느 정도 목록을 정리해 두었고요. 일인 출판사를
차리게 되면서 적은 자금과 그사이 업데이트된 정보에 맞게
포트폴리오를 새로 짰습니다. 그 즈음에는 제 관심이 과학
분야로 초집중되어 있던 시기여서 주력 분야를 과학으로
정하는 게 당연한 수순이었어요.

그렇긴 해도 과학은 하나의 관점, 하나의 사고 체계에
지나지 않기 때문에, 그리고 책을 만드는 과정이 편집자의
성장을 보장해 주어야 한다는 제 평소 생각을 펼치려면
비과학 분야도 꼭 필요했습니다. 그것이 SF 소설과 인문학
분야였고요.

에디토리얼의 〈마로 시리즈Maro Series〉 첫 책이 오에 겐자부로大江健三郎의 『치료탑 행성』이에요. '출간되었던 당시에도 그다지 주목받지는 못한 듯하다'라고 적힌 책 소개를 봤어요. 알려지지 않은 옛 작품을 첫 책으로 선택한 이유는 무엇인가요?

그렇게까지 주목받지 못한 것은 아니고요. (웃음) 1995년에 지금은 사라진 출판사 고려원에서 '오에 겐자부로 소설문학 전집'이라는 큰 기획물이 출간되기 시작했는데, 『치료탑 행성』은 그 전집 수록작이에요. 일본 문학 전공자에게 이 책을 추천받았는데, 저는 오에 겐자부로가 SF 소설을 썼다는 것을 몰랐어요. 작가와 친했던 SF 마니아 작곡가 다케미쓰 도루武満徹를 위해 쓴 연작이라고 해요. 오직 친구를 만족시키겠다는 일념으로 작업했는데 정작 그분은 별로였는지 별다른 코멘트가 없었나 봐요. 저는 이 작품을 읽고 출간해야겠다는 판단이 섰어요. 오에 겐자부로의 문학 세계에서 빠지지 않는 부분이 국가나 공동체의 문제가 개인의 아주 사적인 영역에 어떻게 영향을 미치는지와 그렇게 벌어지는 사건을 어떤 식으로 해결해야 하는지에 대한 사유예요. 『치료탑 행성』은 이러한 특징을 SF적으로 잘 풀어내고 있고요. 근 삼십 년 전 출간된

작품이지만 개인과 공동체의 문제가 복잡하게 얽힌 상황을
개인에게 구원이 되는 방향으로 풀어 나가는 작가의 기조가
여전히 의미 있게 와닿았어요.

그런데 일본 작가의 작품을 낼 때는 반드시 신상 조사가
필요해요. 극우 성향의 작가라면 국내 출간은 어렵다고
봐야죠. 기획 단계에서 조사가 된다면 그나마 다행인데
출간 후에 우리 정서에 반하는 발언이 뒤늦게 발견되거나
알려지면 판매에 치명적일 거예요. 오에 겐자부로는 행동하는
지성인으로서 사회운동에도 활발하게 참여했고 한일 역사
문제에 대해서도 뚜렷한 소신을 보인다는 점에서 검증된
작가이죠.

오에 겐자부로의 유일한 SF, 『치료탑 행성』을 소개해 주세요.

김보영 작가님의 추천사로 『치료탑 행성』을 소개할까 해요.
작가의 메시지와 작품의 정서를 모두 예리하게 포착해서
써 주신 추천사인데 널리 이용하지 못했어요. 이번 기회에
활자화할 수 있다니 다행이고 기뻐요.

반핵, 반전 운동가이자 노벨문학상 수상작가인 오에 겐자부로

가 전하는 치유와 구원의 메시지.

핵전쟁으로 형편없이 망가진 시대, 지구를 버리고 다른 행성으로 떠났다가 정착하지 못하고 돌아온 사람들과 정착해서 생존해 나갔던 사람들의 갈등과 화합을 통해, 전후 세대를 상징적으로 그려낸 소설. 정부와 기업은 사람들을 통제하고 분류하고, 생존할 가치가 있는 사람들과 그렇지 않은 사람들을 구분하려 들지만, 사람들은 이를 거부하고 서로 사랑하고 섞이며 자연스러운 삶의 방식으로 돌아가고자 한다. 오에 겐자부로는 거대한 비극을 극복하는 데에 필요한 것은 정부의 강력한 통제와 분리정책이 아니라 화합과 어우러짐이며, 삶을 살아내며 일상을 회복해 나가려 애쓰는 민중의 힘이라는 점을 잔잔하고 온화한 어조로 이야기한다. 모든 상처와 아픔이 치료되는 머나먼 행성의 치료탑처럼, 거장은 몰락해 가는 세상을 응시하면서도 인류에 대한 믿음을 잃지 않고 치유와 화해의 메시지를 전한다. 예이츠의 시가 음악처럼 배경에 흐르는 서정적이고 아름다운 작품이다.

오에 겐자부로가 단순히 노벨문학상 수상작가라서가 아니라 한국의 독자들에게도 울림을 주는 이유를 이 소설을 통해서도 잘 느낄 수 있을 거예요. 얼마 전 에디토리얼에서 출간된 중국

SF 작가 천추판의 『웨이스트 타이드』에 이런 대사가 나와요. "(그 섬이) 화성처럼 적막하지 않다는 건 분명해요." 근미래를 배경으로 한 디스토피아 영화를 떠올려 보세요. 지구는 더 이상 벼, 밀, 옥수수를 키울 수 없을 정도로 황폐하고, 대기는 붉은 기운이 도는 누런 미세먼지로 가득하죠.

『치료탑 행성』에서는 전 지구를 통틀어 백만 명의 '선택받은 자'가 "새로운 지구로"라는 슬로건을 외치며 지구의 쓸 만한 자원을 몽땅 낭비해 '스타십' 우주선을 건조하고 '대출발'에 나서죠. 사실상 지구를 망가뜨린 주범이었을 자들이 떠나간 자리에 그들로부터 '잔류자'로 낙인찍힌 사람들이 지구의 새로운 원주민이 되어 삶터를 재건하고요. 이날로부터 십 년이 지나 대선단이 지구로 귀환하는데, 그들은 새로운 지구에서 어떤 일이 있었기에 되돌아왔는지 기밀에 부쳐요. 하지만 시간이 지나면서 새로운 지구에서 발견된 수백 기의 '치료탑'과 그 치유 능력, 그곳에서 겪은 전쟁, 예상과 달랐던 생존 환경 등이 드러나죠. 선택받은 자들은 지구로 복귀해 이전의 모든 권력을 장악해 나가고 다시금 새로운 우주 프로젝트를 강행하는데 누군가는 희생을 감내해야 해요. 오에 겐자부로는 테크놀로지의 디테일에 공을 들이기보다는 사변소설Speculative Fiction로서의 사고실험에 치중합니다. 핵전쟁 후의 디스토피아 세계를 버리고 광막한 우주에서 '대안

지구'를 찾으려는 일군의 열망이라는, 인류사 내내 추앙된
개척 프로파간다를 선택하지 않을 때 우리가 힘을 모아 해낼
수 있는 재건과 치유의 길은 무엇일까요? 전범국의 양심을
지닌 이 문학가는 전쟁의 피해자 여성 리쓰코, 버림받은 지구
재건에 앞장서는 과학자 시게 백부, 우주선단에 발탁된 엘리트
사쿠, 리쓰코와 사쿠의 아들 타이, 피난지에 건설된 코뮌의
사람들로부터 희망을 찾고자 하죠.

**책의 표지를 보고 방대한 이야기가 이미지 한 장에 잘 담겼다고
느꼈어요.**
디자인을 의뢰하는 팁이 있다면요?

저는 디자인 작업을 의뢰할 때 제가 아니라고 생각하는
방향을 우선적으로 제시해요. 이 책의 디자인 의뢰서에는
행성이나 우주선 이미지가 나오지 않으면 좋겠다고 적었어요.
책에 우주 로켓을 타고 토성의 위성으로 떠나는 스토리가
담겨 있거든요. 클리셰의 친숙함을 잘 요리하면 주제가
효과적으로 전달되지만 식상해질 가능성도 커서 가급적
후순위로 고려해 주십사 부탁하는 거죠. 의사소통이 되었다고
해도 제 설명이 잘못 해석될 수 있으니 제 생각에 부합하는
이미지를 첨부하고요. 너무 많은 이미지로 디자이너의

221

상상력을 제한하지 않도록 몇 개 정도만요. 경력 있는 분들과 작업을 하기 때문에 시안을 반복해서 수정하는 번거로운 과정 없이 순탄하게 진행되는 편이에요.

디자이너가 책의 내용을 잘 이해하고 작업하는 것도 중요해요. 책이 얇으면 디자이너도 책을 읽으실 텐데, 에디토리얼의 책은 두꺼운 것들이 많아서 스토리를 잘 설명하려고 노력해요. 이 책을 작업할 때 디자인 실장님과 앉아서 책의 줄거리를 길게 소개한 기억이 나네요.

연륜이 느껴지는 안정적인 작업 과정이에요. 첫 책으로 노벨문학상을 수상한 대작가의 작품을 선택하는 데 주저함은 없었나요?

에이전시에 판권을 문의했을 때 이 책을 검토 중인 출판사는 없었어요. 국내에서 한 차례 출간되었기 때문에 기대한 만큼 판매가 이루어졌다면 다른 출판사에서 계약했을 수도 있겠죠. 그렇지 않다면 계약 조건이 그렇게 높지 않겠다는 예상은 했지요. 지불할 비용이 제가 생각하는 수준보다 높다면 계약하지 않으면 되고요.

이미 번역되어 있는 콘텐츠이기 때문에 번역에 드는 시간을 줄여 빨리 출간할 수 있다는 점도 좋았어요. 1세대 일본

문학 전문 번역가이신 김난주 선생님이 번역했으니 믿을
수 있었고요. 첫 책으로 중량감 있는 작품을 내고 싶었던
욕심에도 부합한 책이에요.

오에 겐자부로는 노벨문학상 수상작가이고 판권을 갖고
있는 출판사는 고단샤株式会社講談社예요. 유명한 문학상 수상
작가의 작품이 국내에 처음 소개되는 상황이라면 조건이
까다로울 수 있지만, 이 경우는 과거에 국내 출판사와 계약이
됐던 책이기도 하고 팔릴 기미가 없는 판권을 가져간다고
하니 깐깐하게 굴 이유는 없었을 거예요. 다만 장르물의
경우 전자책 계약이 기본인데 이 책은 전자책 판권은 팔지
않는다고 해서 종이책만 계약해야 했어요.

**그런데 이렇게 공들인 책을 떠나보낼 준비를 하신다는 느낌을
받았어요.**

국내서와 마찬가지로 외서도 보통 계약 기간이 오 년이에요.
과거에는 계약을 연장하는 관행이 있어서 계약을 연장한
후 남은 재고를 이어서 판매할 수 있었어요. 그런데 십여
년 전부터인가 이 관행이 바뀌었어요. 계약 연장이 아니라
재계약을 해야 해요. 첫 계약 때와 동일한 액수는 아니지만
선인세를 새로 지불해야 합니다.

재고량, 판매 추이, 재계약 조건 등을 종합적으로 고려해
재계약 여부를 결정해야 하는데, 결론은 절판이었습니다. 적은
부수이나마 독자들이 찾고 있는 책을 절판하게 되어 저도
무척 안타까워요.

이제 이 책을 사 볼 수 없게 되는 건가요?

중고 도서 시장에서 만날 수 있으려나요. 계약이 끝나서 이
책은 더 이상 출고할 수 없어요. 재고를 창고에 쌓아 둘 수
없으니 조만간 폐기 처분될 겁니다.
재고 도서는 회계상 출판사의 자산으로 잡히는데 회전율이
낮은 책의 적체는 물류 보관 비용을 빠르게 증가시키죠. 중견
출판사들이 저렴한 땅을 매입해 직접 창고를 짓거나 사옥이
있다면 지하에 창고를 마련하는 이유일 거예요.
일정 부수는 남겨서 행사가 있을 때 사은품으로 활용할
계획이 있으니 『치료탑 행성』은 이제 명왕성 같은 존재가
되었다고 할까요? 태양계의 일원이었다가 행성의 조건이
바뀌면서 태양계 외곽에 머물러야 하는 신세가 된 셈이죠.

에디토리얼의 두 번째 책은 국내 기획서던데 첫 책과 다른 점이 있다면요?

앞서 말씀드렸듯이 과학을 주력 분야로 정했던 터라 출판사의 인상을 결정지을 책이라 생각하며 두 번째 책인 『과학기술의 일상사』를 만들었어요.

『과학기술의 일상사』는 저자인 박대인과 정한별이 운영하던 과학 팟캐스트 '과학기술정책 읽어주는 남자들'(이하 '과정남')의 콘텐츠를 선별해 저술한 책이에요. '과학기술정책'이라고 하니 너무 전문적으로 들릴 수 있는데, 명칭에 비하면 오히려 과학기술계 비종사자나 이공계 비전공자에게 친숙한 내용이 많아요. 본디 '정책'이라는 것은 지향하는 바를 사회적으로 공식화하는 방안이잖아요. 과학기술정책은 우리의 일상에 영향을 주는 과학과 기술을 대상으로 삼는다는 점에서, 개인의 독서 역량으로 돌파하기 어려운 과학 분야의 전문 지식보다 대중 친화적이에요. '과정남'은 당시에 제 가려운 곳을 긁어 준 방송이었어요. 인문사회과학 분야의 지식과 비교하면 자연과학 분야의 지식은 매우 흥미로운 사실을 알려 주는 데 반해 이 지식이 나와 우리들, 우리 사회와 어떻게 연관되는지를 직접적으로 말하지는 않잖아요. 사람의 숨결이 잘 느껴지지 않는

지식이라고 표현해야 할까요. 제가 문과 계열 전공자여서 더
그렇게 느꼈을 거예요.

과학 분야의 책을 더 읽어 가면서 그 이유를 알게 되었어요.
지식의 객관성과 가치중립성은 특히 과학 분야에서
중시되는 가치인데요. 현실의 층위에서 과학 연구를
실천히는 주체인 과학자(과학 연구업 종사자 혹은 노동자)는
훈련받은 프로토콜에 따라 객관적인 방법으로 연구를
수행해요(수행한다고 믿어요).

그런데 그 연구가 실천되고 있는 현실을 구성하는 여건은
어떤 가치가 개입된 결정을 전제로 하고 있다는 사실을 알려
주는 책들이 있었어요. 과학 문화가 서서히 더 성숙해지면
대중 과학 교양서에서 심도 있게 다뤄진 적 없는 이 주제를
향한 관심이 더 높아질 거란 예감이 들었어요. 과학기술계에서
이미 입지를 다진 성공한(?) 인물이 아니라 이른바 학문 후속
세대의 고민거리, 문제의식을 통해 과학기술과 사회의 접점도
드러내고 싶었고요.

그래서 책 제목이 『과학기술의 일상사』가 되었죠. 日常史가
아니라 日常'事'예요. 권위를 가진 전문가가 해석하여 어느
정도 그 의미를 고정시킨 '史'가 되기 전의 '事'에 관한 다양한
측면을 보여 주고자 했습니다. 과학에 관한 토론거리를
구하는 교사나 사서교사, 자녀의 이공계 진로를 염두에 둔

학부모에게도 도움이 되는 내용을 담고 있어요. 중소출판사 출판콘텐츠 창작 지원 사업의 지원을 받아 제작되었고 출간 후에는 한겨레신문 '책과 생각'에서 꽤 비중 있게 다뤄졌어요. 이듬해에는 APCTP(아시아태평양이론물리센터)가 해마다 선정하는 올해의 과학도서 열 권 중 한 권으로 선정되어, 과학기술계로부터 인정받은 책이 되었어요. 과학책방 갈다, 삼일문고, 진주문고 등 지역 거점 서점에서 북토크를 열었는데 다양한 연령대의 독자분들이 참석하여 큰 관심을 보여 주셨습니다.

저도 두 번째 책까지 읽고 에디토리얼의 주력 분야를 과학으로 정의했는데, 다 의미 있게 짜여진 도서 목록이었군요. 녹록지 않은 출판계에서 주력 분야를 설정하는 데는 편집자의 촉이 발동했을까요?

조금 더 잘할 수 있는 분야를 선택한 것이죠. 국내 대형 출판사들이 물량 공세할 가능성이 낮은 분야에서 시작해야겠다는 현실적인 판단도 있었고요. 2022년 출판 통계를 살펴봤을 때 과학도서 시장의 비중은 예년과 비슷한 수준이었어요. 오랫동안 들어 오던 수치가 10%였는데, 2022년에는 13%로 집계되었으니 소폭 증가했죠. 해마다

과학 베스트셀러가 나오고, 과학 전문 유튜버의 활약이
두드러지고, 과학 문화가 더욱 확산되어도 그 비중이 출판
분야 전통의 강자인 사회과학이나 문학 분야를 추격하기는
쉽지 않을 거예요. 그럼에도 저는 과학 도서 시장의 비중이
10%이던 시절에 과학을 주력 분야로 정했다는 '부심'이
있답니다.

아시다시피 현재는 과학도 SF도 레드오션이 되었어요.
하늘 아래 새로운 것이 없기 때문에 사막의 오아시스처럼
블루오션이 어디엔가 있을 거라는 환상을 갖고 있지는
않습니다. 계속 틈새시장을 찾고 시장을 세분화해 수요를
창출하는 고단한 행진을 해 나가야 할 것 같아요.

시장과 함께 출판사를 키운 셈이니 자부심을 느끼실 만해요.
입지를 다지는 중에도 고려한 부분이 있을까요?

근 십 년 이내 생겨난 일인 출판사의 공통점이라 보는데,
대표의 관심사와 성향, 출판 경험 등이 출판사의 색깔과
도서 목록을 좌우하는 것 같습니다. 저도 다르지 않고요.
작은 출판사의 방향성을 비교적 선명하게 드러낼 수 있다는
점에서는 고무적인 요소라고 할 수 있겠죠. 한편으론,
지나치게 분야가 제한되거나 관심 영역이 특화되어 있을 경우,

사회적인 이슈가 대두됐을 때 대응이 어렵게 돼요. 지금 당장 기후 위기가 쟁점으로 떠올랐고 많은 사람들이 관련된 책을 찾고 있는데 내 출판사의 주력 분야가 아니어서 책을 낼 수 없다면 난처하겠죠. 예를 들어 역사 전문 출판사라면 역사 속 기후 위기를 다룬 책을 기획하는 식으로 시의적절하게 대처할 수 있어야 할 거예요.

작은 출판사로서 영역을 확실히 하는 것도 중요하지만 그로 인해 다른 가능성이 차단되지 않도록 신경을 씁니다.

국내서와 함께 외서를 꾸준히 발간하는 것도 같은 이유일까요?

초기부터 국내서 출간 비중을 더 크게 잡았지만, 번역서 기획도 병행했습니다. 번역서를 전혀 출간하지 않을 수는 없다고 생각해요. 번역서가 강점을 가진 분야가 있고 대체 불가한 저자나 저작은 확보하고 싶은 게 편집자의 인지상정입니다. 현실적인 문제 하나를 얘기하면 이런 경우도 있습니다. 오퍼를 받은 저작권사가 출판사의 출간 목록과 출판사 소개 자료를 요청할 때가 있어요. 저도 겪었는데요. 처음에는 그저 불쾌했거든요. 그런데 감정을 추스르고 제가 그 입장이 되어 보니 그럴 수도 있겠구나 하는 생각도 들더군요. 우리 출판사 책을 내게 될 한국 출판사가 어떤 곳인지 알고 싶겠구나. 일인 출판사로 시작해 당분간은 작은 출판사일 테니 신뢰를 줘야겠다고 생각을 바꿨습니다. 아예 번역서를 배제할 계획이 아니라면 괜찮은 번역서 목록을 쌓는 일도 소홀히 할 수 없어요.

큰 그림을 그리는 출판사 대표는 신경 쓸 것이 많네요.
일인 출판사의 홍보는 어떤가요?

홍보는 여전히 어려워요. 뉴미디어 환경이 조성되어 누구나 기술을 활용할 수 있어요. 하지만 기술이 민주화되었다고 해서 모두가 혜택을 누리는 것은 아닌 듯해요. 오히려 새로운 전달 매체에 대응할 여력이 있는 곳이 태세를 갖추고 그렇지 못한 곳과 격차를 벌리고 있는 것 같아요.
새로운 기술이 나올 때마다 어떻게 대처할 것인지 고민하는데 결국 내가 할 수 있는 것에 집중해야 한다는 결론에 도달하더라고요. 홍보는 내 시간과 체력이 소진되지 않을 정도로 하려고 해요. 이벤트를 기획하기 전에 진행 중인 책 작업과 저울질하면 책을 만드는 일에 에너지를 쓰는 것이 낫다는 판단이 서요. 제가 영업자 출신이었더라면 홍보에 할애하는 비중이 지금보다는 컸을 거예요. 저는 편집자인지라 책을 적기에 내는 쪽을 선택해서 집중하고 있어요.

좀 슬픈 이야기지만 할 수 없는 것에 미련을 두지 않는 훈련을
계속하게 되는 것 같아요.

에디토리얼의 지속 가능한 마케팅 영역이 궁금해요.

마케팅만으로는 독자의 자발적인 입소문을 기대하기
어렵다고 생각해요. 마케팅은 제게도 여전히 숙제인데, 어떤
책을 만들 것인가 하는 기획 단계에서 마케팅의 수단과
범위가 예정되는 것 같아요. 조금 극단적인 예시이긴 한데
마케팅만으로 학술서를 베스트셀러로 만들 수는 없겠죠.
특히 마케팅 인력과 재원을 넉넉히 갖추기 어려운 소규모
출판사라면 꾸준한 독자가 있는 분야에서 좋은 책을 잘
만드는 것이 가장 좋은 마케팅력일 수밖에 없을 거예요. 그런
후에야 일반적인 의미의 마케팅이 효과를 발휘하겠죠.
북클럽이나 공식 서평단을 모집하여 지속적으로 운영하는
방식이 아니라면 그때그때 독자를 이용한다는 인상을 주는
마케팅 방식은 자제하는 편이에요. 소수라도 우리 출판사 책을
눈여겨보시는 분들을 북마킹해서 소소하게 책을 보내 드리고
있어요. 그마저도 부담을 드리지 않을까 신경을 쓰고요.
어렵게 하나씩 확인하면서 더디게 가고 있습니다.

길게 멀리 내다보고 계시다는 느낌이 들어요.

저는 개인사업자니까 에디토리얼은 아마도 제 평생직장이
되겠죠. 출판계 선배가 언제까지 이 일을 할 수 있을 것 같냐고
물었어요. 저는 일흔 살까지라고 답했고요. 체력이 가장
현실적인 문제예요. 혹사당하는 눈이 가장 걱정되고, 허리가
언제까지 버텨 줄지도 알 수 없고요. 그래서 선배들이 독립할
거라면 건강하고 인간관계도 활발할 때 시작해서 회사를 빨리
키우라고 이야기하나 봐요.

**출판계에 오래 계셨으니 책은 팔기 어렵다는 것을 누구보다 잘
아실 것 같아요. 그럼에도 출판업을 택한 이유가 궁금해요.**

자영업자가 노하우를 갖고 판매할 수 있는 아이템 중 책도
나쁘지 않다. 이렇게 얘기하면 너무 애정 없이 느껴지나요?
냉엄하게 말해 기업의 소유와 경영이 분리되지 않는 한
자영업이잖아요.
사업은 기본적으로 어려운 것 같아요. 직장인일 때가
편했어요. 출판 시장이 어렵다고 하지만 다른 업종도
마찬가지예요. 음식점만 해도 이미 시장은 포화 상태고
식자재비도 끊임없이 오르고 있잖아요. 새로운 제조 기술을

배워서 자신 있게 상품을 내놓기까지 적어도 십 년은 걸릴 텐데, 저에게는 이십 년 넘게 책을 만들어 온 숙련된 기술이 있어요. 제 시간과 경력을 매몰 비용으로 처리하고 새롭게 시작할 필요는 없었던 거죠.

비로소 현실인 듯하여 머리가 맑아져요.
에디토리얼의 앞으로의 계획을 들려주세요.

일 년에 네다섯 권을 발행하는 것이 혼자 할 수 있는 최대치라 생각하며 일하고 있어요. 제가 일흔 살까지 일하면 앞으로 몇 권의 책을 내게 될지 간단히 계산되는데 그걸 생각하면 과연 출판사를 했다고 할 수 있나 하는 생각이 들기도 해요. 책에 큰 의미를 부여하지 않는다면 그저 좋은 책을 내고 누군가가 읽어 주는 것으로 만족할 수 있을 텐데, 제 노동의 결과로 책이 나오니까 그 과정에서 의미를 남기고 싶다는 욕심이 생겨요. 만들고 있는 것이 책이기 때문에 이런 생각이 드는 것 같아요. 올해는 과학책 출간에 조금 더 집중하는 해가 될 것 같고, 아마도 2026년부터 출간할 수 있을 것으로 보이는 새로운 과학 교양서 시리즈를 기획 중이에요. 책을 통해 독자와 함께 성장하는 출판사가 되겠다는 모토에 한 걸음 더 접근하는 책을 펴내고자 합니다.

출판사 & 도서 정보

출판사명 **에디토리얼**

출판사 등록일 **2018년 2월 7일**

대표 **최지영**

첫 책 **치료탑 행성**

분류 **국내도서>소설>일본소설>SF/과학소설**(교보문고)

　　　국내도서>소설/시/희곡>장르소설>SF(예스24)

　　　국내도서>소설/시/희곡>과학소설(SF)>외국 과학소설(알라딘)

제작기간 **외서 계약일로부터 약 7개월**

발행일 **2018년 5월 28일**

보도자료를 통해 본 『치료탑 행성』

『치료탑 행성』
- 노벨문학상 수상작가 오에 겐자부로의 SF 연작

오에 겐자부로의 작품 중 SF가 있다는 사실은 거의 알려져 있지 않다. 그것도 각 권 삼백 페이지가 넘는 SF 연작이다. 출간 연도가 1990년(『치료탑』)과 1991년(『치료탑 행성』)이니 잊히고도 남을 만큼의 세월이 흐르긴 했지만, 일본에서 초판이 출간되었던 당시에도 그다지 주목받지는 못한 듯하다. 2008년에야 발간된 문고판 후미에 첨부된 '작가 후기'에는 오에가 SF를 쓰기로 결심한 배경과 그 일을 전후한 저간의 사정이 간략히 드러나 있다.

오에는 당시 이와나미서점에서 발행하던 『헤르메스』라는 잡지의 편집을 맡고 있었는데, 편집위원 중 한 명인 작곡가 다케미쓰 도루의 오페라 대본을 염두에 두고 쓴 작품이라고 한다. 오에는 SF 마니아인 다케미쓰 도루 오직 그를 만족시키는 작품을 쓰겠다는 일념 외에는 없었다고 한다. 그러나 정작 그 한 명의 독자는 이 소설에 호의적이지 않았던 것 같다. 연재 종료 후 단행본으로 출간된 이후로도 평자들의 특기할 만한 언급도 받지 못한 채('무플'이었던 셈), 노벨문학상 수상작가 오에의 유일한 SF는 조용히 묻히고 말았다.

한국에서는 옛 고려원 출판사가 '오에 겐자부로 소설문학 전집'(총 24권, 김윤식 서울대 국문과 명예교수 등이 편집위원을 맡음)이라는 대기획하에 1995년부터 출간을 시작했는데, 출판사의 부도로 이 중 15권만이 출간되었다. 다행이라고 해야 할지, 오에의 SF는 전집 중 '치료탑 · 치료탑 혹성'(1996)이라는 제목으로 세상의 빛을 보았다. 당시는 오에가 노벨문학상을 수상(1994)한 직후였기 때문에 그의 작품을 찾아서 읽는 한국 독자들이 상당수 존재하여, 이 유일한 SF를 구하기 위해 상당한 웃돈을 치르기도 했다.

이번에 에디토리얼에서는 연작을 1부(치료탑)와 2부(치료탑 행성)로 나눈 합본으로 출간하며, 제목은 작품 전체의 핵심 메시지를 함축하는 '치료탑 행성'으로 채택했다. 초판 번역가였던 김난주 선생이 이번에도 번역을 맡아 새 출간에 걸맞게 전면적으로 재번역했다.

에디토리얼 출판사를 운영한다.

1994년부터 2011년까지 회사에 고용된 편집자로 일했고, 이후로는 일인 출판사를 꾸려 오고 있다. 독자가 귀해지는 시대를 살고 있어 종이책에 담으면 더욱 좋은 콘텐츠를 고민하고 있다. 앞으로도 독자의 성장에 도움을 주는 책을 만들기 위해 노력할 것이다.

최현우

『Tucker의 Go 언어 프로그래밍』

단단한
경영 마인드로
무장한
골든래빗

〈Must Have〉는 출판사 골든래빗이 IT 분야에서 손꼽히는 전문가와 함께 만든 실용서 시리즈이다. 이 시리즈는 업계의 초보자부터 현업 프로그래머까지 기술을 익히고자 하는 모두에게 필요한 정보를 맞춤으로 제공한다. 출판사는 이 책을 차근차근 따라가다 보면 원하는 것을 분명히 얻게 될 거라는 자신감을 보였는데, 원리에서 시작해 단계를 밟아 가며 실전에 다다르는 책의 구성이 이 자신감을 뒷받침한다.

〈Must Have〉 시리즈의 첫 책인 『Tucker의 Go 언어 프로그래밍』도 그렇다. 'Go 언어[1] 1등 유튜버'인 저자는 독자가 원하는 정보라면 Go 언어의 쓰임부터 현업에 바로 적용할 수 있는 기술까지 빼놓지 않고 일목요연하게 제시한다. 나는

고 프로그래밍 언어Go programming language는 멀티코어 지원, 프로그램 생산성 향상을 목적으로 구글Google에서 개발한 범용 프로그래밍 언어로 구글, 넷플릭스 등 많은 IT 기업에서 사용한다.

수시로 구글 검색창을 열고, 넷플릭스에 꼬박꼬박 구독료를 지불하고 있지만 안타깝게도 기술 언어의 세계는 생소한지라 조금 긴장된 마음으로 책을 펼쳐야 했고 곧 낯선 여행지에 홀로 떨어진 기분이 되었다. 하지만 저자의 꼼꼼한 안내와 골든래빗이 설계한 본문의 찬찬한 구성을 따라가다 보니 문외한인 나도 길을 잃지 않고 무사히 책을 빠져나올 수 있었다.

골든래빗 최현우 대표와의 인터뷰를 앞두고도 비슷한 긴장감이 일었는데, 출판사 이름에 붙은 주식회사라는 명칭과 설립된 지 삼여 년 만에 여덟 명의 직원을 꾸린 무서운 성장세 때문이었던 것 같다.

최현우 대표를 만난 날은 마침 〈Must Have〉 시리즈의 신간이 발간된 직후였는데, 분초를 쪼개며 바쁘게 움직이던 최대표의 모습과 골든래빗 로고에 그려진 토끼 이미지가 겹쳐 나는 엉뚱하게도 "에구구! 에구구! 너무 늦겠네."라고 혼잣말을 하며 서두르던 『이상한 나라의 앨리스』의 흰 토끼가 떠올랐다.

앨리스가 된 기분으로 따라간 금빛 토끼는 나를 이상한 출판의 나라에 데려다 놓았고, 그곳의 분위기는 내가 지금까지 인터뷰해 왔던 출판사들과는 사뭇 달랐다. 최현우 대표의 입을 통해 매출에 따른 세율 구간이라든가 오프라인 행사에 참여하는 독자의 비율이 숫자와 공식으로 설명되는 것이 새로웠고, 에세이를 잘 만드는 출판사 좋은여름과 공존하며 사업체를 키워 나가는 실험은 또 다른 확장을 기대하게 했다. 현실과 이상을 오가며 이어진 IT 개발자 출신 대표의 별나고 색다른 출판기는 '골든래빗은 독자에게 더 나은 가치를 제공하는 방향으로 나아갈 뿐'이라는 열린 결말로 끝이 났다.

나는 인터뷰를 마친 지금도 문득문득 이 흥미로운 이야기의 결말을 상상한다. 최현우 대표의 출판기가 누구나 따라하면 이룰 수 있는 실용서로 완성될지 최현우 대표만의 특별한 에세이로 마무리될지는 기대해 볼 일이다.

대표님의 경력이 이색적이에요.

2009년 9월 1일에 H출판사에 입사했고 그 전 십 년은 IT
개발자였습니다.

IT 회사를 세 군데 정도 다녔어요. 개발자는 보통 삼 년에 한
번 이직하니까요. 그 당시 IT 업종은 3D 업종이라 불렸어요.
법적인 분류는 아니지만 사회적 인식이 그러한 데에는 이유가
있겠죠. 현장의 대우가 좋지 않았어요. 연봉은 상대적으로
높았지만 고강도 근무 환경은 오늘날 네카라쿠배(대한민국 IT
업계에서 네이버, 카카오, 라인, 쿠팡, 배달의민족(우아한형제)을 함께
묶어 부르는 말) 하면 떠오르는 창의적이고 쾌적한 환경과는
거리가 멀었죠. 잠들면서 내일 일어나지 못할 수도 있다고
생각할 정도였습니다. 더 이상 안 되겠다 싶어 2009년에
퇴사했어요.

실업급여를 받으려면 구직 활동을 해야 하니 구직 사이트에
이력서를 올려놓았죠. 헤드 헌팅 업체에서 개발직 제안이
많이 들어왔어요. 연락을 받으면 저는 개발 직무는 하고
싶지 않다고 답했고요. 그럼 대체 무슨 일을 하려는 거냐고
묻더라고요. 저는 글과 연관된 것도 좋아하고 기술 기획
일도 잘할 수 있을 것 같다고 했어요. 그때 H출판사를
추천받았습니다.

출판 편집자도 개발자 못지않게 과로하는 걸로 알고 있는데요.

H출판사에 입사하고 나니 제게 새로운 주제이거나 기술
난이도가 높은 번역서가 맡겨졌습니다. 기술의 범위가 워낙
크다 보니 전직 개발자라고 해서 모든 걸 아는 건 아니라서
쉽지는 않았습니다. 저 딴에는 슬슬 아홉 시 정도까지
일을 했는데, 동료들이 왜 이렇게 야근을 많이 하느냐고
하더라고요. (지금은 그렇게 생각하지 않지만 그 당시에는) '이
동네는 일을 슬슬 하는구나' 하고 생각했죠.

**IT 업계 종사자의 기준으로 보면 출판계의 노동량은 만만하군요.
창업을 결심하게 된 계기는 무엇인가요.**

직업은 '먹고사니즘'을 벗어날 수 없어요. 제가 예순 살이
되어도 제 아이들은 채 이십 대가 안 되거든요. 아이들이
독립하기 전까지는 일을 할 수 있어야 한다고 생각했죠.
H출판사 사장님과 면담하며 일흔까지 정년을 보장해 줄 게
아니라면 나가서 내 사업을 시작하겠다고 했습니다.
그때 저는 쫓아오는 코끼리 떼를 피해 구덩이로 몸을 던진
처지였어요. 가까스로 줄을 잡고 매달려 있지만 구덩이
아래에는 독사가 저를 노리고 있고요. 구덩이로는 꿀이

떨어지지만 떨어지는 꿀을 받아먹고 있기에는 눈앞에 제가 붙잡고 있는 줄을 갉아먹는 쥐가 보여요. 언젠가는 저 아래로 떨어질 것이 뻔하니 살아남으려면 구덩이 밖으로 올라가서 코끼리 떼와 싸우는 수밖에 없었습니다. 회사에서 정년을 맞기 전에 살기 위해 뛰쳐나왔어요.

그렇게 퇴사한 뒤 골든래빗 주식회사를 만드셨군요.
출판사 이름에 붙은 '주식회사'가 낯설어요.

개인사업자는 나 자체가 회사이지만 법인은 법으로 만든 개체입니다. 대표이사와 법인이 동일인이 아니라 각기 다른 개체죠. 법인으로는 유한회사, 합자회사, 외국회사, 주식회사 등이 있는데, 그중에서 주식회사는 주식을 가지고 있는 사람들이 주인인 회사예요.

법인은 설립 절차가 복잡하고 개인사업자와 비교하면 의사 결정 절차가 까다롭죠. 그렇지만 세무적으로 유리해요. 사업자의 소득이 낮으면 문제 될 게 없겠지만 개인사업자의 소득금액이 일억 오천만 원 초과~삼억 원 이하인 구간이면 세율이 38%나 됩니다. 소득금액이 십억 원을 초과하면 세율은 45%이고요. 법인은 각 사업년도 소득이 이억 원 초과~이백억 원 이하인 구간에서의 세율이 19%이고 최대

세율은 24%입니다. 내가 영원히 오천만 원 이하(개인사업자 종합소득세 세율 15% 구간)의 수익을 내는 회사를 운영할 게 아니라면 법인을 차려야 하는 것이죠. 애초에 출판 기업을 지향했고 높은 이상을 가지자는 뜻에서 주식회사 법인을 설립했습니다.

출판사의 첫 책이 『Tucker의 Go 언어 프로그래밍』이에요. 안타깝지만 저에게는 읽어도 읽히지 않는 책이었어요. 책과 〈Must Have〉 시리즈를 소개해 주세요.

이 책에서 기술 기반 도서를 출간하는 출판사는 골든래빗뿐일 것 같네요. 독자가 관심이 있으려나 모르겠습니다. 최대한 쉽게 설명을 드려 보겠습니다.

〈Must Have〉 시리즈는 IT 개발자가 프로그래밍 영역에서 보는 책이에요. 책 한 권으로 독자가 원하는 바를 얻을 수 있게 하고자 만들었죠. 고객이 신뢰할 수 있는 콘텐츠를 탄탄히 익힐 수 있는 구성으로 제공하는 시리즈입니다. 그중 첫 책이 『Tucker의 Go 언어 프로그래밍』이고요.

지금까지 세종도서 학술부문 우수도서로 선정된 〈Must Have〉 시리즈는 총 세 권입니다. 이 책은 2021년에 세종도서 학술부문 우수도서로 선정되었어요.

출판사 등록일은 2020년 7월이고 첫 책 발간일은 2021년 4월이에요. 책이 나오기까지 긴 시간이 걸렸다 싶었는데 첫 책 출간 후 일 년 동안 열 권 가까이 되는 책이 발간됐어요. 일반적인 속도는 아닌 듯해요.

창업 초기에는 기획에 집중했어요. 출근하면 오늘 다루고자 하는 주제를 정하고 리서치했죠. 그 분야의 실력 있는 전문가를 찾고 1위부터 다섯 명을 뽑아 원고 청탁 메일을 보내는 것이 하루의 업무였어요. 그렇게 육 개월을 반복했습니다. 창업 첫 해에 스물다섯 명의 저자와 계약하고 그 책들을 동시에 진행했습니다.
『Tucker의 Go 언어 프로그래밍』이 저희의 첫 책이 된 것은 공봉식 저자께서 원고를 가장 먼저 완료하셨기 때문이에요. (웃음) 첫 책을 염두에 두고 기획했다기보다 시리즈를 기획하고 완성된 순서대로 출간한 겁니다. 그래서 짧은 시간 동안 다종의 책을 낼 수 있었어요.

단단한 경영 마인드로 무장한
골든래빗 ° 『Tucker의 Go 언어 프로그래밍』

**〈Must Have〉 시리즈의 종수도 많고, 〈원칙〉, 〈되기〉,
〈잡학툰〉 이렇게 시리즈 종류도 다양해요. 이 모두가 계획하에
이루어진 것인가요?**

시작은 〈Must Have〉 시리즈 하나였어요. 일을 꾸려 가며
필요에 따라 그때그때 시리즈를 구상해 나가는 것이죠.
그러려면 주기적으로 시장과 기술의 변화를 분석하고
끊임없이 기획하는 것이 중요합니다.
〈Must Have〉는 기술 자체를 깊이 있게 설명합니다.
〈되기〉는 직무에 필요한 전반적인 내용을 다룹니다. 〈원칙〉은
앞서간 선배가 십 년이 가도 변하지 않을 업의 방정식을 알려
줍니다. 옴니버스 방식의 책인데, 이전에도 이러한 형식의
도서들은 있었지만 읽고 나서 '그래서 어쩌라고? 각자 자기
난 체만 하네' 같은 서평들이 눈에 띄었습니다. 그래서 각기
달라 보이지만 결국 변치 않는 한 가지 원칙을 말하는 책을
기획했습니다. 〈잡학툰〉은 세상을 바라보는 해상도를 높이는
어른이를 위한 만화책입니다. 한 권만 읽으시면 다른 모든
책도 읽게 될 겁니다. 재미나고 유익해요!

출판물 기획에 중점을 둔 부분은 무엇인지 궁금해요.

전문 서적을 구매하는 독자는 업무를 하다 막히는 부분이 있으면 영순위로 웹 검색을 하고 그렇게 찾은 조각조각의 정보로 부족할 때 책을 찾아요. 그리고 가장 먼저 목차를 봅니다. 나에게 필요한 기술이 책에 있는지 확인해야 하니까요. 그렇게 같은 주제를 다루는 도서를 비교한 후 구매하게 되죠. 그렇기 때문에 저희의 출간 원칙은 동일한 주제의 다른 서적보다 모든 면에서 뛰어난 책을 만드는 겁니다. 기술을 다루기 때문에 이 원칙을 적용할 수 있어요. 문학이나 에세이 분야와는 다르게 기술 분야는 분명한 비교가 가능하니까요.

도서를 기획하며 그간 제가 잘해 온 부분과 아쉬웠던 점을 복기했고 독자에게 더 가치가 있는 내용을 전달하기 위해 고민했어요. 그리고 그 내용을 적합한 방법으로 제공하는 데 중점을 두었죠. 가독성 좋은 디자인과 폰트를 고심하고 독자를 위한 편리한 장치들을 책에 심었습니다. 필요한 지식을 편하게 찾을 수 있게 용어 인덱스와 코드 인덱스를 별도로 두었고요. IT 분야의 책은 실습이 기본인데 독자가 예제를 따라가며 푸는 과정에 오류가 없도록 저자 확인 후에도 이중 삼중으로 크로스 체크를 했어요.

단단한 경영 마인드로 무장한
골든래빗 『Tucker의 Go 언어 프로그래밍』

뚜렷한 원칙에 분명한 수단이네요.

IT, 개발이라는 주력 분야를 선택한 데도 확실한 이유가 있나요?

제 눈엔 골든래빗의 시장이 블루오션으로 보여요.

사실 이곳은 레드오션입니다. 시장의 유망성보다는 제가 가장
잘할 수 있는 분야가 지금의 영역이라는 것이 중요했어요.
고객이 원하는 바를 정확히 파악하고 제공한다면 생존할 수
있을 거라고 생각했습니다.

책의 물성은 회사에서 만들지만 책의 본질이 물성에 있는
책은 많지 않습니다. 본질은 콘텐츠죠. 콘텐츠는 편집자
개개인이 작가와 함께 만드는 겁니다. 편집자와 작가가
플라이휠을 원활히 돌릴 때 좋은 책이 탄생합니다.

시장 1위인 조직에서도 톱클래스 성과를 내 왔기 때문에
독립해서 성공할 확률이 낮지는 않을 것이라는 기본적인
자신감은 있었습니다.

신생 출판사로서 저자를 섭외하는 데 어려움은 없었나요?

일인 출판사는 저자를 구하기가 쉽지 않은데 저는 그동안
일복이 많았기 때문에 저자를 구하지 못할 일은 없을 거라고
생각했죠. IT 분야 기획·편집을 십 년 정도 했으니 이

분야에서 유명한 분들과 관계도 맺고 있고 전반적인 기술 흐름도 알고 있고요.

초기에 원고 청탁으로 계약하는 비중이 100%였다면 갈수록 그 비율이 줄고 있어요. 지금은 투고도 많이 들어옵니다. 출간 경험이 있는 저자들이 다른 출판사와 비교하며 저희를 좋게 봐 주셨어요. 가치 있는 콘텐츠를 만드는 것에 집중하는 노력을 인정해 주시고 다른 저자를 소개해 주시는 경우도 많아요.

중요한 것은 책 만들기 여정의 뒷맛입니다. 작가와 편집자 서로가 최선을 다해 좋은 책을 만들면 둘은 앞으로도 함께할 겁니다. 그런 경험이 쌓여 신뢰받는 편집자, 출판사가 될 수 있겠죠. 그러면 자연스럽게 저자 섭외도 쉬워질 거고요. 시간이 걸리는 문제입니다. 신뢰는 하루 아침에 쌓이지 않잖아요.

저자가 인정하는 출판사라니 멋지네요.
대표님이 자신한 대로 잘 커 나가고 있는 것 같아요.

지금 저희 구성원이 여덟 명입니다. 저는 일인 출판은 불가능하다고 생각해요. 책이 두세 종이라면 가능하겠지만 서른 권이면 어렵습니다. 규모가 커지면 혼자서는 인세

관리도 마케팅 지원도 불가능합니다. 이 두 가지를 원활히 해내지 못하는 건 나를 믿고 계약해 준 저자에 대한 결례라고 생각해요. 그래서 회사를 창업했다면 빠르게 정상적으로 업무 분담을 할 수 있는 조직이 되어야 한다는 게 제 기본적인 생각입니다.

제가 생각하는 조직의 최소 인원은 여섯 명입니다. 여기서부터 기업형 출판사라고 볼 수 있을 것 같아요. 책을 홍보하려면 무조건 마케터 한 명이 있어야 해요. 편집자는 책 한 권을 끝내면 바로 그다음 책을 만들어야 하니 홍보에 투여할 시간이 없거든요. 그리고 종 수가 늘어나면 인세를 정산하고 부대 비용이 정상적으로 지출되도록 관리할 재무 담당자가 한 명 필요합니다. 마케터가 일을 하려면 적어도 한 달에 두 권의 책이 발행돼야 하는데 그러려면 편집자 네 명이 필요합니다. 발간 종 수가 아주 많아지기 전에 이렇게 여섯 명으로 이뤄진 팀을 꾸리지 않으면 기업형 출판사로 성장은 어렵다고 봅니다.

팀을 구성하는 데 어려움은 없었나요?

저를 포함한 저희 팀원 전부가 공과 대학을 졸업했거나 적어도 육 개월 이상의 부트캠프(boot camp, 단기간에 집중하여 코딩 지식을 가르치는 방식으로 소프트웨어 개발자 양성을 목표로

하는 교육기관 또는 교육 프로그램)를 수료한 인력이에요. 그래서 우리가 다루는 주제를 이해하고 책을 만들 수 있어요. 하지만 이공 계통 이력뿐인 직원을 뽑지는 않아요. 문과적 역량이 필요합니다.

골든래빗은 한 번 보고 바로 이해할 수 있는 책을 만드는 데 집착합니다. 그러려면 문장을 단순 명료하게 다룰 수 있어야 해요. 글을 쓸 줄 알아야 다른 사람의 글도 판단할 수 있다고 봅니다. 그래야 교정 교열도 가능할 것이고요.

인력 충원이 시급해도 우리의 인재상과 일치하는 지원자가 없다면 채용하지 않아요. 자칫 잘못 선택했다가는 득보다 실이 커질 수 있다고 생각하기 때문입니다. 눈높이를 낮추기보다 책을 덜 내는 쪽을 택하겠습니다.

단호하게 느껴지는 한편 명쾌하기도 하네요.
마케팅에 있어서도 똑떨어지는 답을 들려주실 것 같아
기대됩니다.

특출난 한 가지로 마케팅에 성공했다고 말할 수 있는 근거는 없습니다. 하나하나 결과와의 개연성을 검증하는 것은 불가능해요. 우리가 독자에게 제공한 서비스가 종합적으로 작용해서 결과로 나타난다고 생각합니다.

골든래빗은 마케팅이라 할 수 있는 것이라면 뭐든지 합니다. 기본적으로 마케팅 매체를 세 가지로 구분할 수 있어요. 직접 운영하는 온드 미디어Owned Media, 돈을 써서 알릴 때 사용하는 페이드 미디어Paid Media 그리고 고객의 SNS 채널인 언드 미디어Earned Media인데요. 이 세 가지 채널이 생태계를 만들도록 하는 것이 중요합니다. 온드 미디어인 홈페이지와 페이드 미디어인 신문 방송 광고, 언드 미디어인 외부에서 우리 브랜드를 언급하는 우호적인 채널이 함께 마케팅 생태계를 만들어 가야 하는 것이죠. 내가 마케팅한 결과들이 계속 내 홈페이지에 쌓이고, 내 홈페이지를 중심으로 움직이는 트래픽이 온라인 서점으로 이동해서 구매가 이루어지거든요. 그런데 대부분의 일인 출판사에 홈페이지가 없어요. 즉 온드 미디어가 없는 겁니다. 내가 존재해야 세상도 있는 것처럼 내 홈페이지가 있어야 나머지 생태계가 구축되는 것인데, 생태계의 핵심 사슬이 빠져 있기 때문에 마케팅이 안되는 것이죠. 홈페이지를 갖추지 않고 마케팅을 산발적으로 진행하기 때문에 통합적인 효과를 보기 어려운 겁니다.

작은 출판사가 가장 취약한 부분이 마케팅인 것 같아요. 혼자 할 수 있는 일에는 한계가 있으니까요.

혼자라도 해야 합니다. 매일 정기적으로 하는 마케팅을 이길 수 있는 건 없어요. 대개 유명 유튜버는 적어도 일주일에 하나씩 콘텐츠를 올리죠. 유튜브는 라이프 사이클이 긴 편입니다. 그런데 인스타그램이나 페이스북은 스물네 시간이 지나면 노출이 안 됩니다. 그래서 스물네 시간에 하나씩은 게시글을 올려야 해요. 더 부지런하다면 열두 시간에 하나, 가능하다면 하루에 세 개의 게시물을 올리는 것이 베스트죠. 이것이 마케팅의 첫걸음입니다.

사람은 매 순간 숨을 쉽니다. 숨을 쉬는 것은 기본이죠. 이 기본을 어기면 살 수 없고요. 출판 마케팅도 마찬가지입니다. 기본을 하지 않으면 출판사로 살아남을 수 없어요.

오프라인 행사는 어떤가요? 모객은 언제나 어려운 듯해요.

모객이 가능한 인원은 회사가 가진 마케팅 채널의 크기와 관련이 있다고 봅니다. 우리 회사의 마케팅 채널과 접촉하는 인원이 천 명이라면 그중 3%인 서른 명을 동원할 수 있을 겁니다. 만 명이라면 삼백 명까지 동원할 수 있겠죠. 저희는 쉰

명 안팎의 행사를 기획하고 독자들은 필요에 의해 참가합니다. 개발자는 현업이 굉장히 바쁘기 때문에 배울 거리가 명확해야만 책을 삽니다. 책 내용으로 강연을 하면 배우기 위해 오죠. 강연 후에는 Q&A 시간을 갖고 참가자 간의 네트워킹도 이뤄집니다. 그 안에서 같은 직종의 사람들을 만나고, 서로 풀리지 않는 문제를 돕기도 하고요. 개발자는 네트워킹이 중요해서 행사가 끝나면 꼭 교류할 수 있는 자리를 마련합니다.

제가 알고 있는 북토크의 분위기와는 사뭇 다르네요. 여러 면에서 남다른 출판사라 느껴져요.
일반적으로 종이책 출간 후 전자책이 발간되는데 골든래빗의 경우는 좀 다른 것 같아요.

처음에는 독자 기준으로 생각했습니다. 도서 산간이나 해외에 계신 독자를 위해 종이책과 전자책을 동시 발간했어요. 전자책을 선호하는 분들도 계시고요. 그런데 온라인 서점에서 둘의 판매가 별도로 집계되다 보니 실제 판매량에 비해 판매 순위가 좀 낮게 잡히는 단점이 있더라고요. 최근에는 순위 관리 측면에서 주제에 따라 동시 출간, 이 주 후 출간, 한 달 후 출간 이렇게 세 개의 기준을 두고 알맞은 전략을 선택해 전자책을 판매하고 있습니다.

몇몇 스테디셀러를 제외하면 대부분의 책은 빠른 속도로 순위에 올랐다 금방 사라지는 것 같아요. 이 분야의 책은 좀 다른가요?

출판 분야에 따라 생명력도 달라서 시장이 빠르게 변화하는 주식이나 부동산을 주제로 한 책이라면 삼 개월에서 육 개월 정도 판매가 가능할 거예요. 반면 1936년 처음 출간된 데일 카네기의 『인간관계론』은 출간된 지 백 년 가까이 지났지만 여전히 읽히는 책이고요. 이 분야도 마찬가지예요. 기술을 다루는 책은 생명력이 짧은 편이고 원칙을 다루는 책은 스테디셀러가 될 수 있을 거라 예상합니다. 예상이 항상 틀리긴 하지만요. (웃음) 다만 과거 시장에서 판매율 1, 2위를 했을 때의 판매량과 요즘 같은 순위에 오른 책의 판매량은 현격히 차이가 납니다. 시장이 작아지는 것은 손쓸 방법이 없어요.

저희는 일 쇄로 이천 부를 찍습니다. 일 년 안에 일 쇄를 소진하고 절판까지 오천 권을 파는 것이 기본적인 목표입니다. 책마다 성과가 다르지만 평균을 내면 얼추 맞아요. 시장 상황은 좋지 않지만 그 안에서도 우리의 목표 판매량에 도달할 수 있는 책을 끊임없이 기획해 내야 합니다. 그래서

단단한 경영 마인드로 무장한
골든래빗 『Tucker의 Go 언어 프로그래밍』

기획자의 역량이 굉장히 중요해요. 그 역량은 감이 아닌
그간 쌓은 데이터에서 나오고요. 골든래빗의 편집자는
대체로 십 년 정도의 업력을 쌓은 분들이기 때문에 데이터를
기반으로 시장을 보는 감각이 있습니다. 이 안목을 바탕으로
실행한다면 앞으로도 원하는 바를 이루며 성장할 수 있을
거라 생각합니다.

**딱딱하고 각 잡힌 책들 사이에 살가운 에세이 브랜드
'좋은여름'의 등장은 의외였어요. 어찌 된 영문인가요?**

좋은여름 출판사의 대표이자 작가인 하정 작가님 책을 두 권
읽었어요. 글을 탁월하게 잘 쓰시더라고요. 난 체하는 글도
아니고요. 여러모로 감동적인 책이었어요. 작가님과 대화를
나누다가 자연스럽게 혼자 하는 사업이 힘드니 같이해 보면
어떻겠냐는 이야기로 흘렀어요. 서로의 조건이나 방향성이
잘 맞았어요. 잘 만들어진 브랜드라고 생각되어 브랜드명을
유지하고 같이 일하게 됐습니다.
두 브랜드가 공존하며 하나의 사업체를 키워 나가는 것은
온전한 실험입니다. 어떻게 시너지를 낼지 아직은 저도 잘
모릅니다. 몇 년 후 알게 되겠죠.

일흔 살까지 일할 수 없어 퇴사했다고 하셨죠. 사회가 정한 정년 이상 일하겠다는 생각으로 차린 골든래빗인데요. 대표님의 정년은 언제로 설정되어 있나요?

저는 일을 좋아합니다. 늘 아침 여덟 시부터 밤 열한 시까지 회사에 있어요. 적어도 내 자신에게는 '일한 사람만 밥을 먹자'라는 기준을 적용해요. 몸과 마음 모두 건강을 유지하려면 이것이 당연하다고 생각합니다.
제가 스스로를 봤을 때 골방에 혼자 있으면 보편적인 사고방식과 멀리 떨어지거나 트렌드를 모른 채 지내기 십상인 사람이에요. 기본적인 사교에도 문제가 생길 수 있고요. 게으르기 때문에 저를 운동시켜 줄 강제성이 필요해요. 그러므로 저는 꾸준히 일을 해야 합니다. 나이가 들면 근무 시간을 줄이더라도 계속 일할 거예요.

직원들은 '일한 사람만 밥을 먹자'는 대표님의 기준을 어떻게 생각할까요? (웃음)

퇴근 좀 하라고 하죠.
저희는 여덟 명이지만 열두 명 몫의 일을 해요. 편집자는 한 명 한 명이 기업과 같습니다. 개인의 역량을 발휘하는 데 장소와 시간은 중요치 않다고 생각해요. 근무 장소와 시간대는 개인의 자유입니다. 다만 물리적인 시간이 확보되어야 계획한 양의 원고를 읽을 수 있다는 생각에 근무 시간은 여덟 시간으로 규정하고 있어요. 그리고 구성원 모두에게 법인 카드를 지급하고 사용처는 상관하지 않습니다.

물론 이것으로 근본적인 모든 것을 해결할 수 있다고 생각하지 않아요. 그래서 저는 일하기 좋은 환경을 만들기 위해 노력합니다. 제가 IT 개발자 출신이다 보니 골든래빗의 시스템을 출판사보다는 IT 회사에 가깝게 하고자 노력합니다. 가능하면 아마존이나 구글 같은 혁신 기업에서 인정받은 시스템을 회사 운영에 도입하려 합니다. 구성원 전원에게 비전과 미션을 지속해서 공개하고 회사의 모든 데이터를 공유하는 것도 그중 하나예요. 해결책을 제시하거나 회의를 열지는 않아요. 그럼 압박이 될 테니까요. 그냥 지금의 상황을 투명하게 공개할 뿐입니다. 또 실패를 공유하는 기업 문화를 가져왔어요. 실패는 시스템과 역량에서 나온 결과물이지 개인의 책임은 아닙니다. 같은 실수를 반복하지 않도록 공개하고 전체가 공유합니다. 대표인 저도 예외는 아니에요.

완벽하지는 않지만 좋은 문화를 만들기 위해 노력하고 있습니다.

조만간 세상이 골든래빗의 기업 문화를 궁금해하는 날이 올 것 같아요.
그날까지 골든래빗은 어떤 방향으로 향하려나요?

골든래빗의 방향성은 성장입니다. 독자가 만족한 결과로써 성장하는 것이 저희의 목표예요. 독자에게 더 나은 가치를 제공하는 방향으로 한 발 한 발 앞으로 나아간다, 이것만 말씀드릴 수 있습니다. 나머지는 결과이기 때문입니다.

출판사 & 도서 정보

출판사명 **골든래빗(주)**

출판사 등록일 **2020년 7월 7일**

대표 **최현우**

첫 책 **Tucker의 Go 언어 프로그래밍 – Golang 입문부터 고급 기법까지, 재미있는 4가지 프로젝트와 함께**

분류 **국내도서>컴퓨터/IT>프로그래밍 언어>프로그래밍 일반(교보문고)**

국내도서>IT 모바일>프로그래밍 언어>프로그래밍 언어 기타(예스24)

국내도서>컴퓨터/모바일>프로그래밍 언어>프로그래밍 언어 기타(알라딘)

제작기간 **9개월**

발행일 **2021년 4월 12일**

보도자료를 통해 본 『Tucker의 Go 언어 프로그래밍』

게임 회사 서버 전문가가 알려주는 Go 언어를 내 것으로 만드는 비법

구글이 개발한 Go는 고성능 비동기 프로그래밍에 유용한 언어입니다. 이 책은 Go 언어로 '나만의 프로그램'을 만들 수 있게 이끌어 줍니다. 프로그래밍 초보자도 쉽고 명확하게 이해할 수 있도록 학습 목표를 일목요연하게 제시하고 핵심 내용을 정리해 보여 줍니다. 언어 문법과 예제 작동 순서를 그림을 곁들여 설명하고, 단계별로 프로젝트를 구현하며 프로그래밍을 직접 체험할 수 있게 했습니다.

골든래빗(주) 창업자.

어떻게 더 나은 가치를 제공하는 기업으로 성장할지 고민한다.

과거의 영광보다 오늘과 내일의 삶이 더 중요하다는 생각으로 매일 할 일을 해 나간다.

출판사의 첫 책

초판 1쇄 인쇄 2024년 5월 30일
초판 1쇄 발행 2024년 6월 26일

지은이 송현정
펴낸이 맹수현
펴낸곳 출판사 핌
출판등록 제 2020-000269호 2020년 10월 6일

주소 서울시 마포구 신촌로2길 19, 3층
이메일 bookfym@gmail.com
전화 02-822-0422
팩스 02-6499-5422

편집 맹수현
디자인 출판공동체 편앓 기경란
인쇄 천광인쇄사

ISBN 979-11-981265-6-6